Gerhard Roth / Klaus-Jürgen Grün (Hg.)

Das Gehirn und seine Freiheit

Beiträge zur neurowissenschaftlichen
Grundlegung der Philosophie

2. Auflage

Vandenhoeck & Ruprecht

Bibliografische Information der Deutschen Nationalbibliothek

Die Deutsche Nationalbibliothek verzeichnet diese Publikation in der
Deutschen Nationalbibliografie; detaillierte bibliografische Daten sind im
Internet über http://dnb.d-nb.de abrufbar.

ISBN 10: 3-525-49085-2
ISBN 13: 978-3-525-49085-3

© 2006, Vandenhoeck & Ruprecht GmbH & Co. KG Göttingen.
Internet: www.v-r.de
Alle Rechte vorbehalten. Das Werk und seine Teile sind urheberrechtlich
geschützt. Jede Verwertung in anderen als den gesetzlich zugelassenen Fällen
bedarf der vorherigen schriftlichen Einwilligung des Verlages. Hinweis zu
§ 52a UrhG: Weder das Werk noch seine Teile dürfen ohne vorherige
schriftliche Einwilligung des Verlages öffentlich zugänglich gemacht werden.
Dies gilt auch bei einer entsprechenden Nutzung für Lehr- und Unterrichts-
zwecke.

Printed in Germany.
Satz: KCS GmbH, Buchholz/Hamburg
Druck und Bindung: ⊕ Hubert & Co, Göttingen

Gedruckt auf alterungsbeständigem Papier.

Inhalt

Vorwort 7

Gerhard Roth: Willensfreiheit und Schuldfähigkeit
aus Sicht der Hirnforschung 9

Klaus-Jürgen Grün: Hirnphysiologische Wende der
Transzendentalphilosophie Immanuel Kants 29

Yvonne Thorhauer: Ethische Implikationen der
Hirnforschung 67

Gekränkte Freiheit. Interview mit Wolf Singer 83

Klaus-Jürgen Grün: Die Sinnlosigkeit eines
kompatibilistischen Freiheitsbegriffs. Arthur
Schopenhauers Entlarvung der Selbsttäuscher 89

Thomas Goschke: Der bedingte Wille. Willensfreiheit
und Selbststeuerung aus der Sicht der kognitiven
Neurowissenschaft 107

Marc Borner: Philosophie der Hirnforschung –
Faszinierend oder erschreckend? 157

Die Autoren 167

»Inzwischen fehlt es auch in Deutschland nicht an Ignoranten, die Alles, was seit zwei Jahrhunderten große Denker darüber gesagt haben, in den Wind schlagen und auf die im vorigen Abschnitt analysirte, von ihnen, wie vom großen Haufen, falsch aufgefaßte Thatsache des Selbstbewußtseyns pochend, die Freiheit des Willens als thatsächlich gegeben präkonisiren. Doch thue ich ihnen vielleicht Unrecht; indem es seyn kann, daß sie nicht so unwissend sind, wie sie scheinen, sondern bloß hungrig, und daher, für ein sehr trockenes Stück Brod, Alles lehren, was einem hohen Ministerio wohlgefällig seyn könnte« (Arthur Schopenhauer, Über die Freiheit des menschlichen Willens, 1839. Zürich, 1977, S. 81ff.).

Vorwort

Die Fragestellung *Das Gehirn und seine Freiheit – Wird Ethik durch Hirnphysiologie überflüssig?* in diesem Buch lässt sich von der Maxime leiten, dass es sich akademische Philosophie künftig nicht leisten kann, auf die Ergebnisse der neurowissenschaftlichen Forschung bei der eigenen Arbeit zu verzichten. Die These, dass es keine philosophische Frage gebe, die durch Neurobiologie besser zu beantworten sei als durch rein akademische Philosophie, sollte hingegen gerade nicht leitend sein. Sehr viel fruchtbarer und konstruktiver scheint es, eine wissenschaftlich neutrale Haltung dadurch zu befördern, dass einige Bezüge zur Philosophie aus neurowissenschaftlichen Forschungsschwerpunkten explizit zur Diskussion gestellt werden. Es ist eine vor allem in der Denkweise der *Frankfurter Schule* philosophisch bewährte Tradition, das Prinzip der Negation als Bestandteil einer neuen Position von Philosophie zu entfalten, statt darin den Untergang der eigenen Meinung befürchten zu müssen.

Die ausnahmslos zu beobachtende Bereitschaft auf Seiten der Neurowissenschaften, in einen fruchtbaren Dialog mit der Philosophie zu treten, widerlegt die verbreitete These von Übergriffen oder gar Absichten einer feindlichen Übernahme von Seiten der Neurowissenschaften gegenüber der Philosophie. Wir freuen uns, dass wir durch die Publikation von philosophisch relevanten Beiträgen aus den Neurowissenschaften dazu beitragen können, der Gesellschaft etwas zurückzugeben von den erkenntnistheoretischen Überlegungen aus der Zwischenwelt von Philosophie und Naturwissenschaft. Denn erst im Verbund von Geistes- und Naturwissenschaften werden beide aufgewertet und können dem gesellschaftlichen Auftrag gerecht werden, ihre Resultate auch dort wieder zur Verfügung zu stellen, woher sie ihre Subventionen erhalten.

Am 20. und 21. Januar 2005 fand in der Aula der Universität Frankfurt am Main ein Symposium zum Thema »Das Gehirn und seine Freiheit« statt mit dem Ziel, Frankfurter Philosophen in eine direkte Auseinandersetzung mit namhaften Neurowissenschaftlern zu bringen und die Bedeutung der neurowissenschaftlichen Forschungsergebnisse für die Ausbildung philosophischer Ethiken zu beleuchten. Dieses Buch ist daraus hervorgegangen und enthält Beiträge von Frankfurter Philosophieprofessoren, ein Interview mit Wolf Singer zum Tagungsthema sowie die Texte von Yvonne Thorhauer und Marc Borner, deren Referate während des Symposiums ausfallen mussten.

Gerhard Roth und Klaus-Jürgen Grün

Gerhard Roth

Willensfreiheit und Schuldfähigkeit aus Sicht der Hirnforschung

Die Debatte um die Frage, ob und in welcher Weise Befunde der experimentellen Psychologie und der Hirnforschung geeignet sind, die Diskussion um die Existenz von Willensfreiheit endgültig, und zwar negativ, zu beenden, hat einen eigenartigen und widersprüchlichen Verlauf genommen.

Zum einen stellt sich heraus, dass fast niemand von den an der Debatte Beteiligten an dem traditionellen starken Begriff von Willensfreiheit festhält (ich werde noch erläutern, was unter dem starken Begriff der Willensfreiheit zu verstehen ist). Die Mehrzahl der Philosophen, Juristen und sogar Theologen sind das, was man minimale Naturalisten oder Physikalisten nennt, das heißt, sie lehnen zumindest verbal ein dualistisches Weltbild ab, in dem es geistige Prozesse gibt, die dieses Naturgeschehen transzendieren, es aber gleichzeitig beeinflussen können. Sie lehnen dies ab, weil ein solches dualistisches Weltbild in sich logisch widersprüchlich ist und unvereinbar mit allem, was wir über die Geschehnisse in dieser Welt wissen, insbesondere über die engen Beziehungen zwischen geistigen Prozessen und physiologischen Hirnvorgängen.

Gleichzeitig geht die Mehrzahl der geistes- und sozialwissenschaftlichen Diskussionsteilnehmer davon aus, dass der Mensch in seinem Fühlen, Denken und Handeln *nicht vollkommen* durch seine biologische Natur einschließlich seiner Hirnvorgänge festgelegt ist, sondern dass seine Subjektivität und Intentionalität (das Handeln aus Gründen und nicht nur aus Ursachen) und auch seine Gesellschaftlichkeit die biologische Natur des Menschen transzendieren. »Der Mensch ist mehr als seine Natur und seine Hirnfunktionen!«, heißt es.

Zum Dritten aber wird von Juristen und Soziologen argumentiert, dass die Behauptungen der Hirnforscher und Psychologen zur Willensfreiheit schon deshalb nicht zutreffen können beziehungsweise nicht dürfen, weil andernfalls unser gesamtes westlich-demokratisches Weltbild (Menschenwürde) und unser gesamtes Rechtssystem (nicht nur das Strafrecht, sondern auch das Vertragsrecht) zusammenbrechen würden. Dies ist sicher das merkwürdigste und zugleich am meisten ernst zu nehmende Argument.

Der starke Begriff der Willensfreiheit und die Einwände gegen ihn

Wir haben bei einer bestimmten Klasse von Handlungen, die man *Willenshandlungen* oder *Willkürhandlungen* nennt, das Gefühl, *frei* zu sein. Dieses Gefühl ist im Wesentlichen durch zwei Inhalte bestimmt: 1. Ich als bewusst denkendes und agierendes Wesen bin Träger meines Willens und Verursacher meiner Handlungen. 2. Ich könnte unter identischen sonstigen Bedingungen auch anders handeln beziehungsweise hätte im Rückblick auch anders handeln können, *wenn ich nur wollte* beziehungsweise *gewollt hätte*, also sozusagen allein kraft meines immateriellen Willens; dies nennt man *Alternativismus*. Diese Auffassung nenne ich den *starken* oder *alternativistischen* Begriff von Willensfreiheit. Dieser Begriff beinhaltet, dass es im Naturgeschehen Kausallücken gibt, in die hinein der immaterielle Wille steuernd eingreift (vgl. Walter 1998).

Dieser starke Begriff der Willensfreiheit birgt eine Reihe von Problemen in sich, von denen ich hier vier nennen will:
1. Aus dem Gefühl, wir seien bei Willkürhandlungen willensfrei, folgt nicht zwingend, dass Willensfreiheit *tatsächlich* existiert. Man kann Versuchspersonen unterschwellig (zum Beispiel über maskierte Reize) durch experimentelle Tricks, Hypnose oder Hirnstimulation zu Handlungen veranlassen, von denen sie später behaupten, sie hätten sie *gewollt* (Wegner 2002). Ebenso zeigt die Sozialpsychologie, dass Menschen häufig aufgrund unbewusster Reize ihre ursprünglichen Kaufabsichten ändern und dennoch anschließend behaupten, sie hätten das getan, was sie ursprünglich beabsichtigten. Menschen schreiben oft ihre In-

tentionen rückwirkend um, um eine Passung zwischen Intentionen und Handlungen zu erreichen.
2. Willensfreiheit wird mit »einen Willen haben« verwechselt. Zweifellos gibt es einen Willen als Erlebniszustand, und dieser Wille ist notwendig, um bestimmte innere oder äußere Widerstände zu überwinden. Die Frage, ob dieser Wille *frei* sei, wird – wie der Philosoph David Hume bereits argumentierte – dabei nicht thematisiert, da wir die *externe und interne Bedingtheit* unseres Willens nicht empfinden. Auch unter normalen Umständen erleben wir nicht, wie Wünsche und Absichten aus dem Unbewussten ins Bewusstsein aufsteigen. Sie werden dadurch automatisch dem Bewusstsein als Quelle zugeschrieben; wir erfahren sie entsprechend als *Gründe* und *Motive*, nicht aber als kausal wirkende Faktoren.
3. Das Konzept eines nichtkausalen, indeterministischen Willensakts widerspricht sowohl dem philosophischen Prinzip des hinreichenden Grundes als auch der Forderung der Zuschreibbarkeit von Handlungen. Wenn unsere Willenshandlungen, wie von Vertretern des starken Begriffs der Willensfreiheit behauptet, von einem a-kausalen Geschehen und damit auch nicht vollständig von Wünschen und Motiven determiniert werden, so gibt es niemanden, dem man das Handeln zuschreiben kann, außer dem bloßen Zufall (Pauen 2004).
4. Das starke Konzept von Willensfreiheit widerspricht allem verfügbaren handlungspsychologischen und neurologisch-neurobiologischen Wissen darüber, wie Handlungen, bei denen wir uns frei *fühlen*, im Gehirn vorbereitet und ausgeführt werden. Hierauf will ich in aller Kürze eingehen.

Die gegenwärtige Vorstellung über die neuronale Steuerung von Willkürhandlungen

Nach gegenwärtiger neurowissenschaftlicher Vorstellung ist für den Beginn und die Kontrolle von Willenshandlungen das Zusammenwirken vieler motorischer Zentren innerhalb und außerhalb der Großhirnrinde (Kortex) notwendig (für Details siehe Roth

2003). Auf kortikaler Ebene sind dies der motorische Kortex, der für die detaillierte Muskelansteuerung zuständig ist, sowie der prämotorische und der supplementärmotorische Kortex, die mit dem globaleren Handlungsablauf zu tun haben. Der supplementärmotorische (genauer: der präsupplementärmotorische) Kortex muss zudem aktiv sein, damit das Gefühl auftritt, dass man eine bestimmte Bewegung auch *gewollt* hat. Mit der bewussten Handlungsplanung im engeren Sinn sind der präfrontale und der hintere parietale Kortex befasst.

Entscheidend ist nun die Tatsache, dass diese mit der Handlungsplanung und -vorbereitung befassten Areale der Hirnrinde *nicht* (auch nicht zusammen) in der Lage sind, den motorischen Kortex so zu aktivieren, dass dieser über die entsprechenden Zwischenstationen (Pyramidenbahn und Schaltstellen im verlängerten Mark und Rückenmark) eine bestimmte Bewegung auslöst. Die kortikalen Areale können als bewusst agierende Instanzen also *allein nicht* unsere Handlungen bestimmen. Vielmehr müssen die außerhalb der Großhirnrinde angesiedelten und damit völlig unbewusst agierenden Basalganglien an diesem Aktivierungsprozess mitwirken. Es wird angenommen, dass in den Basalganglien alle bisher erfolgreich durchgeführten Handlungsweisen entsprechend der Art ihrer Ausführung gespeichert sind und die Basalganglien eine Art Handlungsgedächtnis darstellen. Ohne die Verstärkung durch die Basalganglien kann der Motorkortex eine Willkürhandlung nicht starten, und zwar unabhängig von der Stärke des bewussten Willens. Das zeigt sich am deutlichsten bei Patienten mit Parkinsonscher Erkrankung, die sich bewegen wollen, aber es aufgrund einer Erkrankung eines Teils der Basalganglien (dem Verlust der dopaminergen Zellen in der Substantia nigra) nicht können.

Wichtig zu beachten ist, dass in den Basalganglien nicht nur die grundsätzlich unbewussten, sondern auch alle ehemals bewussten Handlungserfahrungen abgelegt sind einschließlich aller Interaktionen mit der natürlichen und sozialen Umwelt, die ins Unbewusste »abgesunken« sind. Es handelt sich also in der Tat um ein umfassendes *personales Handlungsgedächtnis*.

Die Frage ist nun: Wer kontrolliert die Basalganglien? Die Antwort darauf heißt: Das ebenfalls unbewusst arbeitende limbische

System. Innerhalb der limbischen Zentren sind hierbei vor allem die Amygdala im weiteren Sinn (einschließlich des Nucleus accumbens) und der Hippocampus wichtig. Die Amygdala ist das Hauptzentrum für das Entstehen und die Kontrolle von Gefühlen und für emotionale Konditionierung. Sie registriert, in welcher Weise bestimmte Handlungen und Ereignisse positive oder negative Konsequenzen für den Organismus nach sich ziehen, und speichert dies ab. Beim Wiedererleben der Ereignisse werden diese Bewertungen aufgerufen, und wir erleben dies über Bahnen, die die Amygdala zur Großhirnrinde schickt, als positive oder negative Gefühle, das heißt als Antrieb oder Vermeidung. Der Hippocampus ist der Organisator des episodisch-autobiografischen Gedächtnisses und registriert den jeweiligen Kontext der Ereignisse.

Amygdala und Hippocampus arbeiten arbeitsteilig, indem die Amygdala die eigentliche emotionale Bewertungsfunktion ausführt und der Hippocampus Details des Geschehens und deren räumlichen und zeitlichen Kontext hinzugibt. Der Hippocampus ist als Organisator des deklarativen Gedächtnisses auch verantwortlich für das Auftauchen bestimmter Motive, Wünsche, Absichten, Gedanken und Vorstellungen beim bewussten Entscheidungsprozess.

Diese Verkettung von Amygdala und Hippocampus sowie anderer, hier nicht genannter, limbischer Zentren mit den Basalganglien hat zur Folge, dass beim Entstehen von Wünschen und Absichten das unbewusst arbeitende emotionale Erfahrungsgedächtnis das erste und das letzte Wort hat: das erste Wort beim Entstehen unserer Wünsche und Absichten, das letzte bei der Entscheidung, ob das, was gewünscht wurde, jetzt und hier und so und nicht anders getan werden soll. Diese Letztentscheidung fällt ein bis zwei Sekunden, *bevor* wir diese Entscheidung bewusst wahrnehmen und den Willen haben, die Handlung auszuführen.

Zwischen beiden Ereignissen können beliebig lange Perioden des bewussten Abwägens von Handlungsalternativen liegen; im einen Fall entscheiden wir spontan, »aus dem Bauch heraus«, während wir im anderen Fall monatelang Argumente hin und her wälzen. In beiden Fällen muss es jedoch zu einer Letztentscheidung kommen, bei der es auf die Passung zwischen bewussten kortikalen Handlungsintentionen mit dem Handlungsgedächtnis der Basalganglien und dem emotionalen Erfahrungsgedächtnis des limbischen Systems ankommt. Dies garantiert, dass alles, was wir tun, im Lichte vergangener Erfahrung geschieht.

Determiniertheit und Schuld

Wenn man dafür plädiert, den Begriff der Willensfreiheit im genannten »starken Sinn« fallen zu lassen, dann stellt sich unausweichlich die Frage, ob man damit auch auf die Begriffe Verantwortung beziehungsweise Verantwortlichkeit und Schuld beziehungsweise Schuldfähigkeit verzichtet. Das hätte natürlich weitreichende Folgen für unser Rechtssystem, insbesondere für das Strafrecht und den Strafvollzug.

Für den Schuldbegriff des deutschen Strafrechts ist die moralische *Verwerflichkeit der Tat* zentral, die sich wiederum aus der unbezweifelten Existenz von Willensfreiheit ergibt. In der herrschenden Meinung wird davon ausgegangen, dass der Täter wissen musste oder hätte wissen müssen, dass er Unrecht begeht und dass er trotz aller sonstigen Bedingtheit in der Lage war, anders zu handeln, als er tatsächlich gehandelt hat. So heißt es in dem bekannten Lehrbuch von Wessels und Beulke:

»Grundlage des Schuld- und Verantwortungsprinzips ist die Fähigkeit des Menschen, sich frei und richtig zwischen Recht und Unrecht zu entscheiden. Nur wenn diese Entscheidungsfreiheit existiert, hat es Sinn, einen Schuldvorwurf gegen den Täter zu erheben« (2002, S. 125).

Die Auffassung, der Täter besitze, wie jeder gesunde Mensch, die Möglichkeit, in gewissen Grenzen willensfrei zu entscheiden und zu handeln, wurde mehrfach höchstrichterlich bekräftigt. Der Bundesgerichtshof und die Mehrzahl der Strafrechtler gehen von der *Realexistenz* der Willensfreiheit im starken Sinne aus, wenngleich eine Minderheit, zu der auch der führende Münchner Strafrechtstheoretiker Claus Roxin gehört, einen deterministischen oder zumindest agnostischen Standpunkt einnimmt (Roxin 1997). Dass sich das Strafrecht hier auf schwankendem Grund befindet, ist praktisch allen Strafrechtlern klar. Viele glauben aber mit folgender Feststellung sicheren Boden unter die Füße zu bekommen:

»Da weder der Standpunkt des klassischen *Indeterminismus* mit dem Postulat ›absoluter Willensfreiheit‹ noch die Gegenposition des *Determinismus* mit dem Erklärungsprinzip der ›Kausalgesetzlichkeit‹ menschlichen Verhaltens (Verbrechen als zwangsläufiges Produkt von Anlage und Umwelt) wissenschaftlich exakt beweisbar sind, muss das Strafrecht sich mit der Erkenntnis zufrieden geben, dass das *Prinzip der Verantwortlichkeit* des sittlich reifen und seelisch gesunden Menschen eine *unumstößliche Realität unserer sozialen Existenz* ist« (Wessels u. Beulke, S. 125).

Natürlich geht die Mehrheit der Strafrechtstheoretiker nicht von einer *unbedingten* Freiheit aus, sondern von einer Art eingeschränkter Willensfreiheit, wie sie zum Beispiel die Philosophen Peter Bieri und Michael Pauen vertreten (Bieri 2001; Pauen 2004), das heißt von der Fähigkeit, vor der Tat von seiner eigenen Motivationslage zurückzutreten und diese zu überdenken (*Deliberationsfähigkeit* genannt). Aus handlungspsychologischer und neurobiologischer Sicht ist diese Fähigkeit zwar wichtig für eine »vernünftige«, weil langfristige Handlungsplanung, aber hierbei ist nichts an wirklicher Handlungsfreiheit zu finden. Es handelt sich vielmehr um einen komplexen, nach unserem heutigen Wissen vollständig determiniert ablaufenden Prozess des Widerstreits der Motive. Dabei ist ein »echter« Zufall nicht grundsätzlich ausgeschlossen; das Wirken eines freien Willens im starken Sinne ist jedoch nirgendwo ersichtlich.

Warum werden Menschen straffällig?

Zur Frage, warum Menschen strafrechtsrelevante Gewalttaten und sonstige aggressive Handlungen begehen, gibt es eine umfangreiche sozialwissenschaftliche, psychologische und physiologisch-neurobiologische Literatur. Eine Arbeitsgruppe unter meiner Leitung am Hanse-Wissenschaftskolleg Delmenhorst hat einen umfangreichen Bericht zu den »Biopsychologischen Grundlagen von Aggression und Gewalt« vorgelegt. Danach können als Hauptfaktoren, die gewalttätiges, strafrechtsrelevantes Verhaltens bedingen, gelten: 1. Geschlecht, 2. Alter, 3. genetische Disposition, 4. vorgeburtliche, geburtliche oder nachgeburtliche Hirnschädigung, 5. Störungen des Transmitter-, Neuropeptid- und Hormonhaushalts, insbesondere ein niedriger Serotoninspiegel oder ein erhöhter Testosteronspiegel, vornehmlich bei Männern, 6. psychische Traumatisierung, das heißt das Erleiden von Gewalt und sexuellem Missbrauch, fehlende mütterliche Fürsorge, Vernachlässigung, schockartige Erlebnisse, 7. kognitive und emotionale Defekte im Erkennen und Verarbeiten gewaltrelevanter sozialer Signale und 8. Erfahrung von Gewaltausübung in der eigenen Familie und im engeren Lebensbereich. In der Regel reicht keiner der genannten Faktoren allein aus, um gewalttätiges Verhalten zu erklären, sondern es ist immer eine Kombination von mindestens zwei oder drei Faktoren (vgl. Roth 2003).

Besonders deutlich ist der Zusammenhang zwischen Defiziten in der frühkindlichen emotionalen Entwicklung bei einem niedrigen Serotoninspiegel und Gewalttätigkeit bei Männern. Der Neuromodulator Serotonin beruhigt und trägt zusammen mit bestimmten Neuropeptiden zur Impulshemmung und Aggressionskontrolle bei; ein niedriger Serotoninspiegel erzeugt ein Defizit in der Impulshemmung und das Gefühl der Bedrohtheit, das dann in reaktive Aggression umschlägt (»ich fühlte mich bedroht und musste doch zurückschlagen«). Das führt, in Kombination mit kognitiven und emotionalen Defiziten beim Erkennen sozialer Signale und bei der Empathie, zu einer erhöhten reaktiven Aggressivität und Impulsivität.

Als Ursache für nichttherapierbares Gewaltverhalten, wiederum überwiegend bei Männern, werden Defizite im Stirnhirn vermutet. Der orbitofrontale Kortex (OFC), der über den Augenhöhlen (Orbita) liegt, übt im Normalzustand einen hemmenden beziehungsweise zügelnden Einfluss auf Antriebe des limbischen Systems aus. Der OFC ist der am spätesten, erst mit Ende der Pubertät ausreifende Hirnteil. Verletzungen oder Unterfunktionen des OFC führen zum Frontalhirnsyndrom, das heißt zu erhöhter Impulsivität, geringer Beachtung der Konsequenzen eigenen Handelns, Verlust sozialen Verhaltens, Ablenkbarkeit, Verflachung, Labilität und Aggressivität. Mörder zeigten in PET-Studien eine deutlich geringere Aktivierung im Frontallappen, und zwar insbesondere linkshemisphärisch (Raine et al. 1997, 1998, 2000).

Wichtig ist aber, dass der Zusammenhang zwischen frühkindlicher Schädigungen und Verhaltensauffälligkeit einerseits und Gewaltkriminalität andererseits nur in *einer* Richtung, nämlich im Rückblick, hochsignifikant ist, das heißt, dass praktisch alle im Erwachsenenalter stark gewalttätigen Personen bereits in früher Jugend entsprechend auffällig waren und dass diese Auffälligkeiten auf hirnorganische oder neurophysiologische Defizite, psychischen Traumatisierungen und Bindungsdefiziten zurückführbar sind. Jedoch entwickelt sich nur ein Drittel von allen Personen, die in früher Jugend solche Defizite und Traumatisierungen aufweisen, zu schweren Gewalttätern beziehungsweise zu Psycho- und Soziopathen. Ein weiteres Drittel zeigt überhaupt keine und der Rest nur vorübergehende psychischen Auffälligkeiten. Die Gründe hierfür sind unklar und könnten in individuell vorhandenen Reparatur- und Kompensationsfähigkeiten wie auch in einem günstigen Einfluss der Umwelt zu finden sein.

Das Schuldparadoxon und die Konsequenzen eines Verzichts auf den moralischen Schuldbegriff

Aus dieser Sicht ergibt sich folgendes *Schuld- oder Unrechts-Paradoxon*: Je schwerer das begangene Unrecht und die moralische Schuld im Lichte der öffentlichen Meinung, desto deutlicher ist die psychische Zwangssituation der Täter. Diese wird meist in früher Kindheit erkennbar, lange bevor der Täter im rechtlichen Sinne schuldfähig ist.

Aufgrund dieser Erkenntnisse müssen wir von folgendem Sachverhalt ausgehen: Menschen können im Sinne eines *persönlichen moralischen Verschuldens* nichts für das, was sie wollen und wie sie sich entscheiden, und das gilt unabhängig davon, ob ihnen die einwirkenden Faktoren bewusst sind oder nicht, ob sie sich schnell entscheiden oder lange hin und her überlegen. Sie werden in dem jeweils einen oder anderen Fall eventuell völlig unterschiedliche

Dinge tun, aber sie tun dies *nicht frei*, sondern gelenkt von ihrer Persönlichkeitsstruktur und ihren aktuellen Motiven.

Ein Verzicht auf den Begriff der persönlichen Schuld und der Vergeltungsstrafe, wie er immer schon von bedeutenden Strafrechtstheoretikern wie von Liszt, Radbruch und Roxin gefordert wurde, bedeutet aber keineswegs ein Verzicht auf *Bestrafung einer Tat als Verletzung gesellschaftlicher Normen*. Das ist bereits in der Idee der General- und Spezialprävention enthalten. Täter werden danach nicht deshalb bestraft, weil sie »mutwillig« schuldig geworden sind, sondern weil sie von weiteren Taten abgeschreckt oder gebessert werden sollen, falls dies möglich ist; andernfalls muss die Gesellschaft vor ihnen geschützt werden.

Der Verzicht auf den Begriff der persönlichen Schuld hat zweifellos den großen Vorteil, dass man das Strafrecht nicht mehr in einer Weise begründet, die aus Sicht der modernen Hirnforschung und Psychologie nicht haltbar ist. Er hat aber auch erhebliche Nachteile. Der Begriff der Schuld als einer bloßen *Verletzung gesellschaftlicher Normen* wird dem Wandel der gesellschaftlichen Verhältnisse ausgeliefert. Was in der einen Gesellschaft als Normenverletzung gilt, wird in der anderen als legitim oder sogar erwünscht angesehen. Allerdings war dies auch im traditionellen Strafrechtssystem mit seinem moralischen Schuldprinzip nie anders. Es gibt eine ganze Reihe weiterer Schwierigkeiten, zum Beispiel der Schuldzumessung. Die Schuld hat aus strafrechtlicher Sicht nicht nur eine strafbegründende, sondern auch eine strafbegrenzende Funktion (vgl. Roxin 1997).

Schließlich folgt, dass im Strafvollzug der Gedanke der *Besserung* einen viel höheren Stellenwert erhält als bisher und deshalb mit sehr viel höheren Kosten und Anstrengungen verbunden ist. Nach Auskunft von Experten (zum Beispiel des Kriminologen und früheren niedersächsischen Justizministers Christian Pfeiffer) ist der bestehende Strafvollzug im Sinne eines Besserungssystems wenig effektiv, wie auch die hohen Rückfallquoten zeigen, wenngleich mancherorts an wirksameren Maßnahmen und Instrumenten gearbeitet wird. Wie und in welchem Maß man einen Straftäter nachhaltig bessern kann, ist eine schwierige und wissenschaftlich noch nicht gut untersuchte Frage.

Gründe, Ursachen und mentale Verursachung

Viele Philosophen werfen Hirnforschern und Psychologen vor, sie begingen einen Kategorienfehler, wenn sie das Handeln des Menschen allein neurobiologisch erklären wollten. Menschliches Handeln sei schließlich mehr als das Feuern von Neuronen im Gehirn des Handelnden; es erfolge aus Motiven, Absichten, Plänen und Gründen. Das menschliche Gehirn sei nur ein Steuerungsapparat, die Gründe für das Handeln entstammten der individuellen Lebenserfahrung wie der gesellschaftlichen Interaktion und Kommunikation (vgl. Habermas 2004).

Man muss als Hirnforscher diese Argumente ernst nehmen. Es ist in der Tat so, dass der Hirnforscher bei seinen Untersuchungen nur anatomische Gegebenheiten und physiologische Abläufe erkennen kann, die als solche keinerlei Auskunft über irgendwelche Bedeutungen verraten. Dies gilt für das Geschehen auf der Ebene einzelner Zellen ebenso wie für Messungen globaler Hirnprozesse mithilfe der funktionellen Kernspintomographie. Eine funktionale und damit bedeutungshafte Interpretation ergibt sich erst aus dem Vergleich zwischen den Hirnstrukturen und -funktionen einerseits und Reaktionen beziehungsweise verbalen Äußerungen der Versuchsperson oder des Patienten über bestimmte Erlebnisse andererseits. Als Beispiel nehme ich hier die Schmerzwahrnehmung.

Eine Versuchsperson befindet sich im Kernspintomographen, ich schaue mir sein Gehirn an, während verschiedene Reizsituationen auftreten. Eine Nadel sticht leicht in seine Fingerkuppe, und ich beobachte in seinem sensorischen Kortex sowie im insulären und vorderen zingulären Kortex bestimmte Aktivitäten. Dass diese Aktivitäten etwas mit Schmerzwahrnehmung zu tun haben, sehe ich nicht direkt, sondern schließe dies aus der Tatsache, dass sie nur dann auftreten, wenn die Versuchsperson berichtet »jetzt tut es weh« oder auf einen Knopf drückt, auf dem steht »jetzt Schmerz«. Ich kann dann aus dem subjektiven Bericht einer Versuchsperson »ich spüre jetzt einen Schmerz im Finger« zwingend eine gleichzeitige Aktivität in den genannten Kortexregionen folgern und umgekehrt aus dem Auftreten dieser Aktivitäten zwingend auf einen zugefügten Schmerzreiz schließen.

Das allein wird keinen philosophischen Kritiker beunruhigen, denn er wird sofort zugeben: Klar, ohne neuronales Geschehen gibt es kein Schmerzempfinden. Das könnte sogar ein interaktiver Dualist wie John Eccles akzeptieren. Schwieriger wird es aber, wenn man feststellt, dass Patienten mit einer so genannten Schmerzasymbolie auf einen Schmerzreiz gar nicht mit einer Schmerzwahrnehmung reagieren. Man stellt im sensorischen Kortex des Patientengehirns dann fest, dass der Schmerzreiz zwar als sensorischer Reiz registriert wird, und die Person sagt dann, eine Nadel sticht in meinen Finger, aber sie sagt, dass dies nicht weh tue. Gleichzeitig stellt man fest, dass der insuläre und anteriore zinguläre Kortex *nicht* aktiv sind.

Diese und viele andere Untersuchungen führen zu der inzwischen weithin akzeptierten Anschauung, dass man zwischen Nozizeption, das heißt dem Verletzungsreiz, und Schmerz als einem psychischen Zustand unterscheiden muss, und dass zwischen beiden eine sehr komplizierte Beziehung herrscht. Bewusster psychischer Schmerz tritt nur auf, wenn insulärer und anteriorer zingulärer Kortex aktiv sind. Diese Tatsache bereits widerlegt viele Kritiker, die behaupten, der Hirnforschung seien rein subjektive Erlebniszustände völlig unzugänglich, sie könne immer nur aus der Dritte-Person-Perspektive argumentieren. Direkt zugänglich sind subjektive Empfindungen natürlich nur dem, der sie hat, und nicht dem Hirnforscher, aber auch sonst niemandem, auch dem Philosophen nicht (obwohl manche so tun, als seien sie dafür besonders zuständig!). Der Hirnforscher kann jedoch Berichte über diese Zustände so verlässlich mit Hirnzuständen in Verbindung setzen, dass exakte Voraussagen über das subjektive Schmerzempfinden eines Patienten möglich sind.

Ein häufig geäußerter Vorwurf gegenüber der Hirnforschung lautet, sie könne das Gehirn nur als isolierte Entität und nicht in seiner Einbettung in die soziale Welt studieren. Deshalb müsse ihr auch der gesamte Bereich des »objektiven Geistes«, das heißt der gesellschaftlich vermittelten Kommunikation und Interaktion verschlossen bleiben. In diesem Bereich – so Jürgen Habermas (2004) – sind vor allem die sozial vermittelten Gründe unseres Handelns und ihre Geltungsansprüche angesiedelt. Der Hirnforscher könne sich deshalb nur mit den proximalen sensomotorischen Ursachen unserer Aktionen befassen, menschliches Handeln sei aber Handeln aus sozial vermittelten und vermittelbaren Gründen. Insofern müsse eine neurobiologische Erklärung menschlichen Verhaltens notwendig unvollständig sein.

Diese häufig vorgebrachte Argumentation der Unterscheidung von Ursachen und Gründen und der Nichtreduzierbarkeit der Gründe auf neuronales Geschehen krankt an zwei Schwierigkeiten, nämlich zum einen, dass die Unterscheidung Ursachen versus Gründe völlig an der Methodik der modernen kognitiv-emotionalen Hirnforschung vorbeigeht; zum anderen gerät man damit unweigerlich in einen ontologischen Dualismus, den alle, auch Habermas, gerade vermeiden wollen.

Zur Erläuterung des ersten Punktes bleibe ich bei der Schmerzforschung. Vor wenigen Jahren wurde in der Zeitschrift »Science« ein ebenso einfaches wie geniales Experiment veröffentlicht (Phelps et al. 2001), in dem einer Versuchsperson, die im Kernspintomographen liegt, gesagt wird: Du siehst vor dir zwei Lämpchen, ein grünes und ein rotes. Wenn das grüne leuchtet, passiert dir nichts; wenn das rote aufleuchtet, dann erlebst du kurze Zeit später einen ziemlich unangenehmen Schmerzreiz. Es geschah Folgendes: Wenn das grüne Lämpchen leuchtete, tat sich in den für subjektive Schmerzen zuständigen Hirnrindenarealen nichts – warum auch! Leuchtete aber das rote Lämpchen auf, so zeigte sich im vorderen zingulären und insulären Kortex heftige Aktivität, obwohl – was man sich schon denken kann – der angekündigte Schmerzreiz gar nicht folgte. Es war schlicht die *Erwartung des Schmerzreizes*, welche die genannten Areale aktivierte. Dasselbe passiert, wie man bereits früher feststellte, bei hypnotischem Schmerz sowie bei chronischen Schmerzpatienten, die furchtbare Schmerzen haben, bei denen aber der Arzt nichts Organisches findet.

Die Schmerzforschung hat gerade bei den chronischen Schmerzpatienten in den letzten Jahren zeigen können, dass Schmerzen hochgradig von psychischen und sozialen Bedingungen abhängig sind, das heißt von der Schmerzerwartung und von Schmerz als Legitimationsgrund für bestimmtes Verhalten (Mitleid erregen) und von sozialen Regeln, wann, wo und wie man

Schmerz empfinden und äußern darf. Es ist für die moderne Hirnforschung überhaupt kein Problem, diese hochsozialen und hochkommunikativen Faktoren in ihrer Einwirkung auf die Gehirnaktivität zu erfassen. Dasselbe gilt für den Zustand der Reue, der Scham oder des Gefühls, etwas nur zu vermuten, anstatt es genau zu wissen. Hierfür gibt es eindeutige Hirnkorrelate.

An diesen Beispielen kann man gut zeigen, wieso ein neuronaler Reduktionismus, den man Hirnforschern unterstellt, absurd ist, und zwar aus zwei Gründen. Zum einen ist es trivial richtig, dass Neurone keine Schmerzen, keine Reue und keine Scham zeigen können. Zum anderen könnten wir beliebig lange die Aktivität des vorderen zingulären Kortex studieren und werden allein dadurch nie darauf kommen, dass er unter anderem mit subjektiver Schmerzwahrnehmung zu tun hat. Das können wir nur, nachdem wir über hinreichend lange Zeit die Aktivität des vorderen zingulären Kortex mit Berichten von Patienten, Versuchspersonen und mit deren Verhalten studiert haben (wir können das natürlich im Prinzip an uns selbst studieren).

Nachdem wir dies aber gemacht haben, können wir zeigen, dass die Aktivität des anterioren zingulären Kortex und einiger anderer limbischer Zentren wie der orbitofrontale Kortex die *notwendige und auch hinreichende* Bedingung für subjektives Schmerzempfinden ist. Wir können durch entsprechende Eingriffe dieses Empfinden in voraussagbarer Weise blockieren, hervorrufen oder gar verstärken. Es muss dabei überhaupt nicht irgendeine dritte, objektive Welt Einfluss nehmen. Die Erklärung hierfür ist, dass aufgrund ihrer spezifischen, *erfahrungsabhängigen* Verknüpfung diese Zentren die gesellschaftliche Erfahrung in sich aufgenommen haben, die für das kulturbedingte Schmerzverhalten notwendig sind.

Die Annahme einer von den Gehirnen verselbständigten objektiven Welt sozialer kommunikativer Symbole und Akte ist nichts als ein verkappter Dualismus und bringt dieselben Probleme mit sich, die einem Dualismus anhaften. Da diese Welt gerade nicht materieller, sondern kommunikativer oder informationaler Natur sein soll, stellt sich die Frage, wie sie denn mit den materiellen Gehirnen interagieren soll. Gehirne treten mit anderen Gehirnen über ihre Sinnesorgane in Wechselwirkung und eben nicht übersinnlich, aber diese Sinnesorgane reagieren eben nur auf physikalische oder chemische Reize, nicht auf bedeutungshafte Akte. Wenn mir jemand die Gründe für sein Handeln erläutert, so dringen lediglich Schalldruckwellen, aber keine Bedeutungen an mein Innenohr. Die Gründe verbleiben im Gehirn des sich Rechtfertigenden. Die Schalldruckwellen werden in neuronale Impulse umgewandelt, und aus diesen Impulsen schließt das Gehirn des Zuhörers über einen sehr komplexen Zuweisungsprozess mithilfe des Gedächtnisses auf eine Bedeutung. Bedeutungen können deshalb gar nicht übertragen, sondern müssen in jedem Gehirn neu erzeugt werden. Was Habermas mit seiner objektiven Welt meint, ist eine Metapher, aber keine Tatsache. Die geistige Welt entsteht in jedem Gehirn und nicht außerhalb von ihnen.

Ein Grundirrtum vieler Kritiker scheint zu sein, dass sie Gehirne für so etwas wie komplizierte Uhrwerke oder Computer halten. Wären sie dies, so wäre die Dimension der Intentionalität in der Tat unerreichbar für die Hirnforschung. Gehirne sind aber Organe, die ein Verhalten erzeugen sollen, welches das Leben und Überleben des Organismus, beim Menschen insbesondere das soziale und psychische Leben und Überleben, garantiert. Gehirne müssen nicht nur Sachverhalte erfassen, sondern vor allem die *Bedeutung* von Sachverhalten. Ihre Netzwerke sind deshalb bedeutungserzeugende und bedeutungsverarbeitende Netzwerke. Sie tun dies über zelluläre Mechanismen, die Sinneserlebnisse und motorische Akte des Organismus mit emotionalen Erlebniszuständen in Verbindung bringen. Das bedeutet im einfachsten Fall »gut« oder »schlecht«, »lustvoll« oder »schmerzhaft«, im komplexen Fall sozial erwünscht oder sozial unerwünscht.

Wenn Gehirne notwendig semantisch-intentionale Systeme sind, dann benötigt man als Hirnforscher keinerlei Reduktionismus, um menschliches Handeln zu erklären. Die assoziativen Netzwerke der Großhirnrinde befassen sich mit Semantik und Intentionalität; sie sind auf Gründe ausgelegt, nicht auf Ursachen. Die Unterscheidung zwischen Gründen und Ursachen geht vielmehr quer durch das Gehirn und trennt nicht das Gehirn von der Gesellschaft oder vom Geist. Es gilt aber, dass im menschlichen Gehirn aus Gründen immer Ursachen werden müssen, damit ein Mensch handelt. Nicht Gründe, sondern nur Ursachen bewegen letztlich meinen Arm, wenn ich etwas ergreifen *will*. Im Klartext: Es gibt in der menschlichen Großhirnrinde Aktivitätszustände, die Repräsentationen von Handlungsintentionen und Handlungsbegründungen sind in dem Sinne, dass ihre Aktivierung in uns entsprechende subjektive Empfindungen hervorruft und ihre Zerstörung solche Empfindungen verhindert. Da es das Merkmal dieser Zustände ist, Intentionen zu repräsentieren, kann man die subjektiven Erlebniszustände auch nicht zu Epiphänomenen erklären. Wenn ich den intentionalen Gehalt der Hirnzustände störe, störe ich das neuronale Geschehen, und umgekehrt. Diese zerebralen intentionalen Zustände können nur wirksam werden, wenn sie auf motorische Zentren einwirken, die dann die Ursachen etwa für die Bewegung der Hand oder der Lippen darstellen. Ob und inwieweit sie dies tun, wird durch das limbische System kontrolliert, das unser emotionales Erfahrungsgedächtnis darstellt.

Mit diesem nur sehr kurz skizzierten Ansatz umgehen wir die Gefahren eines Reduktionismus und eines Epiphänomenalismus, und wir akzeptieren die Unterscheidung von Gründen und Ursachen, verlagern sie aber in das Gehirn hinein. Wir können damit auch ohne weiteres vorgebliche Gründe von wahren Gründen unterscheiden, denn letztere sind diejenigen, welche tatsächliches Handeln in Gang setzen, erstere sind dazu nicht in der Lage. Entsprechend kann jemand Gründe für sein Handeln vorgeben, ohne dass diese mit den Ursachen seines Handelns in einem Kausalzusammenhang stehen. Grund hierfür ist die Tatsache, dass im menschlichen Gehirn der Bereich der bewussten mentalen Tätigkeiten nur sehr indirekt mit den handlungssteuernden Zentren verbunden ist. Dies ermöglicht es, sich potentielle Handlungen zu überlegen, ohne dass man sie gleich ausführen muss.

Schließlich können wir auch das Problem der mentalen Verursachung befriedigend lösen (vgl. Detel 2004). Wenn bestimmte Hirnzustände Träger von Gedanken, Überlegungen, Wünschen und Rechtfertigungen sind, dann wirken sie als solche Träger, und sie hätten eine andere neuronale Beschaffenheit, wenn sie dies nicht wären. Man kann das Intentionale und Mentale nicht von den sie repräsentierenden neuronalen Prozessen abtrennen; das erscheint uns nur so aufgrund der unausweichlichen Verkürzung durch die Dritte-Person-Perspektive. Wir registrieren nur die feuernden Neurone, aber wir wissen, dass dies nur der äußerliche Aspekt eines Geschehens ist, welches zugleich eine Innenperspektive in Form subjektiven Erlebens hat.

Abschließende Bemerkungen

Der starke Begriff von Willensfreiheit, wie er von einigen Philosophen und Theologen noch vertreten wird und eine der Grundlagen des deutschen Strafrechts bildet, ist philosophisch widersprüchlich (zum Beispiel im Zusammenhang mit der Zuschreibbarkeit von Handlungen; vgl. Pauen 2004) und allen empirischen Evidenzen über die Steuerung von Willkürhandlungen widerspricht. Dabei bin ich gar nicht auf das häufig zitierte und kritisierte Libet-Experiment eingegangen (Libet et al. 1983; vgl. dazu Roth 2003), weil man heute die Geschehnisse viel genauer psychologisch und neurobiologisch erklären kann.

Ein Verzicht auf den starken Begriff von Willensfreiheit im Strafrecht wird auch durch detaillierte Untersuchungen darüber nahe gelegt, warum Straftäter, zum Beispiel schwere Gewalttäter, so handeln, wie sie handeln. Hier zeigt sich das, was ich Schuld- beziehungsweise Unrechts-Paradoxon genannt habe: Je schwerer die Straftat und die moralische Schuld, desto eindeutiger die Bedingtheit des Handelns des Straftäters. Ein Verzicht auf den starken Begriff von Willensfreiheit hat nach Auskunft vieler Strafrechtler schwerwiegende Konsequenzen für die Rechtsprechung. Man kann sich dann entweder mit der Annahme zufrieden geben, Willensfreiheit sei ein notwendiges gesellschaftliches Konstrukt ohne empirische und logische Basis, oder man schränkt den Schulbegriff auf die Normenverletzung ein, was nicht einfach ist. Dies macht in jedem Fall einen ernsthaften interdisziplinären Diskurs notwendig.

Schließlich habe ich zu zeigen versucht, dass die Unterscheidung zwischen Ursachen und Gründen bei der Handlungssteuerung eine Unterscheidung ist, die nicht die Hirnforschung von Philosophie und Sozialwissenschaften trennt, sondern die sinnvoll innerhalb der Hirnforschung getroffen werden kann. Mentale und intentionale Zustände sind Hirnzustände, die an Aktivitäten bestimmter Hirnrindenareale gebunden sind, und sie haben ihre kausale Wirkung durch ihre neuronale Beschaffenheit, die wiederum durch das Gesamtsystem des Gehirns als eines selbststeuernden und selbstbewertenden Systems festgelegt werden. Gehirne verarbeiten Bedeutungen und nicht bloße Erregungen. Erregungen sind das, was Hirnforscher registrieren; das bedeutet aber nicht, dass man als Hirnforscher die Illusion haben muss, diese Erregung seien das Eigentliche oder einzig Gegebene, nur weil man Bedeutungen nicht direkt messen, sondern nur erschließen kann. Das tun wir im Übrigen auch bei jedem kommunikativen Akt.

Literatur

Bieri, P. (2001): Das Handwerk der Freiheit. Über die Entdeckung des eigenen Willens. München.

Detel, W. (2004): Forschungen über Hirn und Geist. Deutsche Zeitschrift für Philosophie 6: 891–920.

Habermas, J. (2004): Freiheit und Determinismus. Deutsche Zeitschrift für Philosophie 6: 871–890.

Libet, B., C. A. Gleason, E. W. Wright und D. K. Pearl (1983): Time of conscious intention to act in relation to onset of cerebral activity (readiness-potential). Brain (106), S. 623–642.

Pauen, M. (2004): Illusion Freiheit? Mögliche und unmögliche Konsequenzen der Hirnforschung. Frankfurt a. M.

Phelps, E. A.; O'Conors, K. J.; Gatenby, J. C.; Gore, J. C.; Grillon, C.; Davis, M. (2001): Activation of the left amygdala by a cognitive representation of fear. Nature Neuroscience 4: 437–441.

Raine, A.; Buchsbaum, M. S.; LaCasse, L. (1997): Brain abnormalities in murderers indicated by positron emission tomography. Biological Psychiatry 42, 495–508.

Raine, A.; Meloy, J. R.; Bihrle, S.; Stoddard, J.; LaCasse, L.; Buchsbaum, M. S. (1998): Reduced prefrontal and increased subcortical brain functioning assessed using positron emission tomography in predatory and affective murderers. Behav. Sci. Law 16: 319–332.

Raine, A.; Lencz, T.; Bihrle, S.; LaCasse, L.; Colletti, P. (2000): Reduced prefrontal gray matter volume and reduced autonomic activity in antisocial personality disorder. Archives Gen. Psychiatry 57: 119–127.

Roth, G. (2003): Fühlen, Denken, Handeln. Wie das Gehirn unser Verhalten steuert. Überarbeite Auflage. Frankfurt a. M.

Roxin, C. (1997): Strafrecht Allgemeiner Teil. Band I: Grundlagen Aufbau der Verbrechenslehre. 3. Auflage. München.

Walter, H. (1998): Neurophilosophie der Willensfreiheit. Paderborn.

Wegner, D. (2002): The Illusion of Conscious Will. Cambridge (Mass.) u. London.

Wessels, J.; Beulke, W. (2002): Strafrecht, Allgemeiner Teil. 32. Auflage. Heidelberg.

Klaus-Jürgen Grün

Hirnphysiologische Wende der Transzendentalphilosophie Immanuel Kants

»Es scheint, als ob ich eines von den Opfern der Torheit werden würde, deren die Kantische Philosophie so viele auf dem Gewissen hat. Mich ekelt vor dieser Gesellschaft, und doch kann ich mich nicht losringen aus ihren Banden. Der Gedanke, daß wir hienieden von der Wahrheit nichts, gar nichts, wissen, daß das, was wir hier Wahrheit nennen, nach dem Tode ganz anders heißt, und daß folglich das Bestreben, sich ein Eigentum zu erwerben, das uns auch in das Grab folgt, ganz vergeblich und fruchtlos ist, dieser Gedanke hat mich in dem Heiligtum meiner Seele erschüttert – Mein einziges und höchstes Ziel ist gesunken, ich habe keines mehr. Seitdem ekelt mich vor den Büchern, ich lege die Hände in den Schoß, und suche ein neues Ziel, dem mein Geist, froh-beschäftigt, von neuem entgegenschreiten könnte. Aber ich finde es nicht, und eine innerliche Unruhe treibt mich umher, ich laufe auf Kaffeehäuser und Tabagien, in Konzerte und Schauspiele, ich begehe, um mich zu zerstreuen und zu betäuben, Torheiten, die ich mich schäme aufzuschreiben, und doch ist der einzige Gedanke, den in diesem äußern Tumult meine Seele unaufhörlich mit glühender Angst bearbeitet, dieser: dein einziges, und höchstes Ziel ist gesunken. Ich habe mich zwingen wollen zur Arbeit, aber mich ekelt vor allem, was Wissen heißt. Ich kann nicht einen Schritt tun, ohne mir deutlich bewußt zu sein, wohin ich will. – Mein Wille ist zu reisen. Verloren ist die Zeit nicht, denn arbeiten könnte ich doch nicht, ich wüßte nicht, zu welchem Zwecke. Ich will mir einen Zweck suchen, wenn es einen gibt. Wenn ich zu Hause bliebe, so müßte ich die Hände in den Schoß legen und denken« (von Kleist 2001, S. 636.)

Dies sind Worte, die der Dichter und Schriftsteller Heinrich von Kleist am 22. März 1801 an seine damalige Verlobte Wilhelmine von Zenge schreibt. Die Zeilen sprechen aus, was später als seine »Kantkrise« bezeichnet wurde.

Was Kleist weiterhin seiner Verlobten mitteilt, ist aufschlussreich für den modernen Menschen, der so wenig wie Kleist Aufklärung über die Herkunft seiner Idee sucht, die nicht einer frommen oder idealistischen Geisteshaltung schmeichelt. Wie sehr diese Geisteshaltung an Religion gebunden ist, geht vor allem aus dem Beginn des Briefs hervor.

»Ich hatte schon als Knabe (mich dünkt am Rhein durch eine Schrift von Wieland) mir den Gedanken angeeignet, daß die Vervollkommnung der Zweck der Schöpfung wäre. Ich glaubte, daß wir einst nach dem Tode von der Stufe der Vervollkommnung, die wir auf diesem Sterne erreichten, auf einem andern weiter fortschreiten würden, und daß wir den Schatz von Wahrheiten, den wir hier sammelten, auch dort einst brauchen könnten. Aus diesen Gedanken bildete sich so nach und nach eine eigne Religion, und das Bestreben, nie auf einen Augenblick hienieden still zu stehen, und immer unaufhörlich einem höhern Grade von Bildung entgegenzuschreiten, ward bald das einzige Prinzip meiner Tätigkeit. Bildung schien mir das einzige Ziel, das des Bestrebens, Wahrheit der einzige Reichtum, der des Besitzes würdig ist. – Ich weiß nicht, liebe Wilhelmine, ob Du diese zwei Gedanken: Wahrheit und Bildung, mit einer solchen Heiligkeit denken kannst, als ich – Das freilich, würde doch nötig sein, wenn Du den Verfolg dieser Geschichte meiner Seele verstehen willst. Mir waren sie so heilig, daß ich diesen beiden Zwecken, Wahrheit zu sammeln, und Bildung mir zu erwerben, die kostbarsten Opfer brachte – Du kennst sie. – Doch ich muß mich kurz fassen.

Vor kurzem ward ich mit der neueren sogenannten Kantischen Philosophie bekannt – und Dir muß ich jetzt daraus einen Gedanken mitteilen, indem ich nicht fürchten darf, daß er Dich so tief, so schmerzhaft erschüttern wird, als mich. Auch kennst Du das Ganze nicht hinlänglich, um sein Interesse vollständig zu begreifen. Ich will indessen so deutlich sprechen, als möglich.

Wenn alle Menschen statt der Augen grüne Gläser hätten, so würden sie urteilen müssen, die Gegenstände, welche sie dadurch erblicken, sind grün – und nie würden sie entscheiden können, ob ihr Auge ihnen die Dinge zeigt, wie sie sind, oder ob es nicht etwas zu ihnen hinzutut, was nicht ihnen, sondern dem Auge gehört. So ist es mit dem Verstande. Wir können nicht entscheiden, ob das, was wir Wahrheit nennen, wahrhaft Wahrheit ist, oder ob es uns nur so scheint. Ist das letzte, so ist die Wahrheit, die wir hier sammeln, nach dem Tode nicht mehr – und alles Bestreben, ein Eigentum sich zu erwerben, das uns auch in das Grab folgt, ist vergeblich.

Ach, Wilhelmine, wenn die Spitze dieses Gedankens Dein Herz nicht trifft, so lächle nicht über einen andern, der sich tief in seinem heiligsten Innern davon verwundet fühlt. Mein einziges, mein höchstes Ziel ist gesunken, und ich habe nun keines mehr – Seit diese Überzeugung, nämlich, daß hienieden keine Wahrheit zu finden ist, vor meine Seele trat, habe ich nicht wieder ein Buch angerührt« (von Kleist 2001, S. 633 ff.).

Es schockiert die gelehrte und ungelehrte Öffentlichkeit seit einigen Jahren wieder einmal und mit unverminderter Stärke, was Heinrich von Kleist vor mehr als zweihundert Jahren in eine tiefe Sinnkrise stürzte, aus der er sich nicht wieder erholen konnte und die zu einem Impuls für seinen Freitod wurde. Die Ursache des Schocks ist die gleiche, nur die Auslöser sind verschieden. Kants Transzendentalphilosophie erinnerte den Menschen daran, dass er nur dasjenige erkennen könne, was er selbst konstruiert habe. Doch »Wahrheit und Bildung mit ... Heiligkeit denken«, wie Kleist es wünschte, erfordert den Glauben an die in den Konstrukten enthaltene reale Beschaffenheit der Dinge. Dieser Glaube ist zerstört. Kant und die modernen Neurowissenschaften gleichermaßen stehen hierzu im Gegensatz. Wenn wir die Dinge mit der bunten Brille anschauen und damit rechnen müssen, bloß dem Wahn verfallen zu sein, die Dinge seien in der Realität bunt, nur deswegen, weil wir sie bunt sehen, dann können wir nicht mit derselben Unbefangenheit glauben, die Denkinhalte seien reale Abbilder der Welt.

Auch die Färbung im Wörtchen »Willensfreiheit« gehört zu den Heiligkeiten, die ihr schönes Aussehen vielleicht mehr der Eigenfarbe der Erkenntnisfähigkeit angepasst hat als dem realen Geschehen in der Welt. Nicht anders als Kleist möchte der Mensch auch heute Wahrheit, Schönheit und Freiheit nur als objektive Beschaffenheiten der Welt festhalten, nicht aber als Bestandteil seiner subjektiven Auffassungsgaben. Aller Kampf von Philosophen, Theologen und anderen frommen Gemütern, der gegenwärtig gegen die erneute Entzauberung der vermeintlich objektiven Qualitäten der wahrgenommenen Welt geführt wird, soll der Rettung der Phänomene vor der Vereinnahmung durch solche Denkweisen dienen, die – wenn auch nur probeweise – das Wahre, Gute, Freie und Schöne aus den Funktionen der Hirnmaterie erklären. Vor allem Geisteswissenschaftler beanspruchen eine Unabhängigkeit ihres Forschungsgegenstands von den naturwissenschaftlichen Methoden. Auch wenn sie kompliziertere Formulierungen als Kant verwenden, verdunkeln diese doch eher, dass es gleichwohl um die alte Frage geht: Sind die Inhalte unseres Kopfes als reale Abbilder der uns umgebenden Welt zu verstehen? Haben die Inhalte unseres Denkens denjenigen Status der Autonomie, den ihnen Philosophen gern zuschreiben würden? Die Fragen erweitern sich, wenn wir sie materialistisch formulieren: Sind die Inhalte unseres Kopfes aus dem Studium der Inhalte des Kopfes allein zu verstehen? Auf der Seite der Geisteswissenschaften wird die Eigenständigkeit mentaler Phänomene meistens nicht hinterfragt. Dies zeigt nicht nur das Selbstverständnis von Matthias Kettner:

»Ich denke, man versteht die Natur von Gründen völlig falsch, wenn man meint, sie existierten nur im Kopf dieser oder jener Person. Mein guter Grund, etwas Bestimmtes zu tun, kann eben auch derselbe gute Grund eines anderen werden, wenn er sich in einer ähnlichen Situation befindet« (Kettner 2004, S. 40). Vergleichen wir diese Auskunft mit derjenigen Gerhard Roths in seinem obigen Beitrag (S. 9ff.), dann gewinnen wir den Eindruck, als bevorzugte Kettner eine Deutung des Raumes der »Gründe«, worin sie einen vom Gehirn losgelösten Status erhalten. Heutige Geisteswissenschaftler denken zumeist ähnlich und verwenden die reinen Formen des Verstandes und die Prinzipien der Vernunft, auch wenn sie andere Begriffe verwenden als Kant. Die geistigen Inhalte sollen sich selbst erklären können. Und so spitzt sich Auseinandersetzung zwischen Neurowissenschaften und Geisteswissenschaften auf die einfache Fragestellung zu: Verstehen wir das Denken und den denkenden Menschen richtig, wenn wir allein die Produkte des Denkens dabei berücksichtigen? Wir können für das Denken auch das *bewusste Erleben* setzen.

An diesem Sachverhalt ändern geänderte Nomenklaturen nichts. Statt von Bewusstsein zu sprechen ziehen es viele Philosophen vor, sich auf Repräsentationstheorien zu beziehen. Dabei entstehen komplizierte Theorien wie ein *semantischer Externalismus*. Solche Lehren verstehen sich zum Teil als naturalistisch, obgleich sie sich vollständig im Raum des Denkens bewegen. Die Bezeichnung »naturalistisch« ist dabei irreführend, da sich der Naturalismus in der *Philosophie des Geistes* allein mit Denkgesetzen befasst, die er zum Teil als Naturgesetze ausweist. Faktisch ist das kantische »Dasein der Dinge unter Gesetzen« gemeint, und dies fällt vollständig in den Raum des klassischen Idealismus. Dadurch wird die Tatsache verdunkelt, dass das Gehirn seine Vorstellung von Natur selbst konstruiert hat. Naturalistisch sind allenfalls die Überlegungen Friedrich Nietzsches, Arthur Schopenhauers, Sigmund Freuds und anderer zu nennen, denen es um die Beschreibung einer Welt geht, die dem bewussten Erleben vorausliegt. Und diese sind es, die Geistbewegten Menschen Unbehagen bereiten, wie der Beitrag von Helmut Mayer in Christan Geyers Zusammenstellung zeigt. Die Fragestellung des Naturalismus lautet:

»Wenn alles als Ergebnis des blinden Spiels darwinistischer Algorithmen genommen wird – und genau darin besteht für Dennett eine ›naturalistische‹ Erklärung –, wo bleibe dann noch Platz für den freien Willen?« (Mayer 2004, S. 207). Naturalismus ist nicht ein kaltes logisches Kalkül, sondern ein Angriff auf behagliches Denken, wie Mayer zu Recht herausspürt.

Die klassischen Theorien des Bewussten und Unbewussten scheinen leichter zu erklären, dass der Raum der Rationalität, den Philosophie bewusst durchmessen kann, möglicherweise sehr viel kleiner und unbedeutender ist, als es aus diesen philosophischen Lehren explizit hervorgeht. Indem akademische Philosophie diese naturalistische Denkweise nicht gern an sich herankommen lässt, läuft sie Gefahr, eine eigene Wirklichkeit aufzuspannen, die nur wieder Gültigkeit für andere Mitglieder derselben akademischen Denkweise haben kann. Es hat sich inzwischen der Zustand eingestellt, dass philosophische Theorien fast nur noch Probleme beschreiben, die allererst innerhalb der philosophischen Theorien auftreten. Sie erwecken den Anschein, als wäre Philosophie ausschließlich dazu da, dem engen Kreis von Experten der Philosophie ihre Daseinsberechtigung zu bestätigen. Aus Sicht der Neurobiologie stellt sich nun aber die Frage, ob dieser Zustand noch haltbar ist.

Auch die Reaktionen der Öffentlichkeit auf die Publikationen über die echte oder vermeintliche »Illusion Freiheit« betätigen die Befürchtung, dass es der Alltagspsychologie bei dem Gedanken, dass wir nur dasjenige erkennen können, was wir selbst konstruiert haben, eben so schlecht wird wie ehemals Heinrich von Kleist. Der Fortschritt der Philosophie – sofern es diesen überhaupt gibt – ist spurlos an der Öffentlichkeit vorbeigezogen. Während die akademische Philosophie Immanuel Kant mehrfach schon überboten haben will, ist die Öffentlichkeit noch nicht einmal bei Kant angekommen. Wozu leisten wir uns in unserer Republik eine philosophische Forschung, die sich in einer Weise vollzieht, als hätte es sie gar nicht gegeben? Neurowissenschaften provozieren mit ihren Arbeiten nicht nur eine Verkehrung der Selbstverständlichkeiten der Alltagspsychologie, sie provozieren auch die Frage nach der Daseinsberechtigung einer akademischen Philosophie. Otfried Höffes sieht ein »Interesse an wissenschaftsgestützten, umfassenden, ganzheitlichen Weltbildern in den Vordergrund« treten.

»Weil die Philosophen dafür aber seit längerem ausfallen, wird es vornehmlich von Naturwissenschaftlern übernommen, früher eher von Physikern, heute mit wachsendem Selbstbewusstsein von Lebenswissenschaftlern, etwa Gehirnforschern« (Höffe 2003, S. 22).

Auf der anderen Seite haben viele philosophische Theorien, die sich als Überwinder der kantischen Transzendentalphilosophie verstehen, den Schritt in die Transzendentalphilosophie selbst noch nicht vollzogen und betrachten ihre Konstrukte immer noch als reale Gegenstände der Welt. Auch Theorien wie ein »semantischer Externalismus« gehen nicht darauf ein, dass es sich bei physischen Phänomenen ebenso um Konstrukte des Gehirns handelt wie bei der Semantik. Stattdessen stehen viele *semantische Theorien der Bedeutung* nahe an einem Begriffsrealismus, indem sie Bedeutung an die als absolut gedachten physischen Zustände binden wollen. Auch Theorien der »kausalen Referenz« behandeln Kausalität als eine absolute Gegebenheit, ohne sich deren transzendentale Voraussetzungen bewusst zu machen. Die meisten semantischen Theorien der Bedeutung und Referenz sind unzulänglich, wie Otfried Höffe gezeigt hat (Höffe 2003, S. 62ff.). Weiterhin belegt Höffe, dass in den analytischen Theorien des Geistes zu Unrecht auf die kantische Unterscheidung zwischen Ding an sich und Erscheinung verzichtet wird.

»In Wahrheit hat schon die Materie Erscheinungscharakter, weshalb die Kritik am Interaktionismus zu einem ›ganz sinnleeren Einwurf‹ wird, der eine ›bloße Vorstellung‹ der Materie für ›eine äußere Ursache‹ hält« (Höffe 2003, S. 232).

Aber in der analytischen Philosophie herrsche eine unkritische Leugnung der apriorischen Struktur von Raum und Zeit vor (Höffe 2003, S. 94).

Während auf Lehrstühlen der Philosophie komplizierte Repräsentationen der Großhirnrinde aus Repräsentationen der Großhirnrinde erzeugt werden, lösen Neurowissenschaftler nun erneut jenen kleistschen Schock aus, der das Bewusstsein in seiner Selbstwahrnehmung kränkt. Wolf Singer bringt den einfachen Sachverhalt, nach welchem die Selbstwahrnehmung und das Alltagsbewusstsein die Phänomene retten wollen, auf den Punkt:

»Diese immateriellen Phänomene erleben wir als ebenso real wie die Erscheinungen der dinglichen Welt, die uns umgibt. Sie sind uns allen gleichermaßen vertraut, weshalb wir Bezeichnungen für sie erfinden konnten, auf die wir uns einigen können. Wir sprechen von freiem Willen und wissen, was wir darunter zu verstehen haben. Wir begreifen uns als Wesen, die über Intentionalität verfügen, die fähig sind zu entscheiden, initiativ zu werden und zielbewusst in den Ablauf der Welt einzugreifen. Wir erfahren uns als freie und folglich als verantwortende, autonome Agenten. Es scheint uns, als gingen unsere Entscheidungen unseren Handlungen voraus und wirkten auf Prozesse im Gehirn ein, deren Konsequenz dann die Handlung ist. Diese Überzeugungen erwachsen aus der Erfahrung, dass wir uns unserer eigenen Empfindungen, Wahrnehmungen, Erinnerungen, Absichten und Handlungen gewahr sein und auf diese Einfluss nehmen können« (Singer 2004, S. 237).

Auch wenn in phänomenologischen Erklärungen seit Husserl stets erneut versucht wird, an der kantischen Lehre der Konstruktion der Objektwelt durch die subjektiven Erkenntnisleistungen festzuhalten und gleichzeitig den Objektcharakter der mentalen Ereignisse anzunehmen, läuft die Verselbständigung der mentalen Ereignisse in den Theorien des Geistes auf das von Singer beschriebene Problem hinaus: Wir begegnen den Konstrukten unseres Gehirns auf eine Weise, als seien sie selbständige Gegenstände der Welt. Diesen Mechanismus betrachtete Karl Marx unter dem Gesichtspunkt gesellschaftlicher Gewordenheit im historischen Materialismus. Anhand seiner Überlegungen zur Theorie der Entfremdung und Verdinglichung zeigt er, dass wir den Erzeugnissen historischer Entwicklung in unseren Ideologien so begegnen, als seien sie Naturkonstanten in der uns umgebenden Welt. Dieser Mechanismus gewinnt eine aktuelle Bedeutung in den neurowissenschaftlichen Forschungsergebnissen, und zwar unabhängig von einer Revolutionstheorie, dafür aber auf dem Boden der Naturwissenschaften.

Aufschlussreich und längst vergessen ist Marxens Analyse des Doppelcharakters der Ware im ersten Band seines Hauptwerks. Dort wird der Prozess, nach dem uns die vom Individuum selbst erzeugten Gegenstände wie Naturdinge erscheinen, folgendermaßen charakterisiert:

»Das Geheimnisvolle der Warenform besteht also einfach darin, daß sie den Menschen die gesellschaftlichen Charaktere ihrer eignen Arbeit als gegenständliche Charaktere der Arbeitsprodukte selbst, als gesellschaftliche Natureigenschaften dieser Dinge zurückspiegelt, daher auch das gesellschaftliche Verhältnis der Produzenten zur Gesamtarbeit als ein außer ihnen existierendes gesellschaftliches Verhältnis von Gegenständen. Durch dieses Quidproquo werden die Arbeitsprodukte Waren, sinnlich übersinnliche oder gesellschaftliche Dinge. So stellt sich der Lichteindruck eines Dings auf den Sehnerv nicht als subjektiver Reiz des Sehnervs selbst, sondern als gegenständliche Form eines Dings außerhalb des Auges dar. Aber beim Sehen wird wirklich Licht von einem Ding, dem äußeren Gegenstand, auf ein andres Ding, das Auge, geworfen. Es ist ein physisches Verhältnis zwischen physischen Dingen. Dagegen hat die

Warenform und das Wertverhältnis der Arbeitsprodukte, worin sie sich darstellt, mit ihrer physischen Natur und den daraus entspringenden dinglichen Beziehungen absolut nichts zu schaffen. Es ist nur das bestimmte gesellschaftliche Verhältnis der Menschen selbst, welches hier für sie die phantasmagorische Form eines Verhältnisses von Dingen annimmt. Um daher eine Analogie zu finden, müssen wir in die Nebelregion der religiösen Welt flüchten. Hier scheinen die Produkte des menschlichen Kopfes mit eignem Leben begabte, untereinander und mit den Menschen in Verhältnis stehende selbständige Gestalten. So in der Warenwelt die Produkte der menschlichen Hand. Dies nenne ich den Fetischismus, der den Arbeitsprodukten anklebt, sobald sie als Waren produziert werden, und der daher von der Warenproduktion unzertrennlich ist.

Dieser Fetischcharakter der Warenwelt entspringt, wie die vorhergehende Analyse bereits gezeigt hat, aus dem eigentümlichen gesellschaftlichen Charakter der Arbeit, welche Waren produziert« (Marx 1968, S. 86f.).

Aus Sicht der Neurobiologie können wir einen Paradigmenwechsel erkennen, wenn wir den folgenden Satz zeitgemäß umformulieren: »Es ist nur das bestimmte gesellschaftliche Verhältnis der Menschen selbst, welches hier für sie die phantasmagorische Form eines Verhältnisses von Dingen annimmt.« Dann würde er lauten: »Es ist nur der bestimmte Mechanismus der Beschäftigung der Großhirnrinde mit sich selbst, welches hier für die Menschen die phantasmagorische Form eines Verhältnisses von Dingen annimmt.«

Während die innerphilosophischen Theorien stets neue Beschreibungen erfinden für das Verhältnis mentaler und physischer Prozesse zueinander, stellt sich im materialistischen Denken die Frage, wie unser Gehirn aus seinen eigenen Repräsentationen eine gegenständliche Welt konstruiert. Für Marx waren es die gesellschaftlichen Bedingungen in den Produktionsprozessen, die alles erklären sollten. Heute zeigen Neurobiologen, dass selbst diese gesellschaftlich bedingte Produktionsweise eine physische Basis erhält. Gemeinsam mit den Theorien des physiologischen und historischen Materialismus fragt Philosophie aus der Sicht der Neurobiologie nicht nach der Semantik interner Gehirnzustände und wie sie sich zu einer externen Welt verhalten, sondern sie fragt danach, wie einem Denker diese Semantik als gegenständlich zurückgespiegelt werden kann, so dass der Eindruck entsteht, die Semantik sei Abbild der hirnunabhängigen Realität. Dass analytische Philosophen vielfach die semantischen Strukturen ihrer Theorien als ein Abbild der hirnunabhängigen Welt betrachten wollen, erkennen wir nicht zuletzt aus der Abwehrhaltung, die sie dem Prozess der Auflösung ihrer Theorien entgegenbringen.

Aber unter dem Namen »Phänomenologie« haben Philosophen immer schon versucht, jener materialistischen Wendung des kantischen Konstruktivismus entgegenzuwirken. Überhaupt hat die Phänomenologie, und diese antimaterialistische Ideologie hatte schon Max Horkheimer vor 50 Jahren entlarvt, vor allem das Ziel verfolgt, die Philosophie als eine rein akademischen Disziplin zu fundieren (Horkheimer 1990, S. 299). Dieses Ziel steht per se in Konkurrenz zur Beteiligung der Neurowissenschaften an der Klärung philosophischer Fragestellungen. Vor dem Hintergrund der Urteile Horkheimers geraten jedoch auch die beharrlichen Bezugnahmen von Jürgen Habermas auf die Phänomenologie in Ideologieverdacht. Phänomenologie ist die »Tendenz ..., die Aufgaben der Psychologie einer von wissenschaftlichen Kriterien unabhängigen Ontologie zu übertragen« (S. 48f.), bemerkte Horkheimer bereits vor Jahrzehnten. Sie beinhaltete ursprünglich den »Wunsch, das Handeln in festen Wesenseinsichten zu begründen« (S. 255). Dadurch etabliere »sich die Philosophie wieder in vollem Bewußtsein als selbständige Disziplin« (S. 299), denn ihr Beginn ist der »Erweis der Möglichkeit eines überzeitlichen, unbedingten Seins« (S. 302). Im Ganzen »zeichnet (sie) der gemeinen Wirklichkeit Normen vor, nach denen sie sich in Wahrheit zu richten hat« (S. 327f.). »Ihr Irrtum« liege darin, »daß durch romantischen Rückschritt die Wirklichkeit sich offenbaren und ein Sinn sich uns entschleiern werde« (S. 331). Grundsätzlich lasse sich der Charakter der Phänomenologie als einer »Unternehmung, philosophische Wahrheit ein für allemal festzustellen« (S. 337), nicht verdecken. In ihrem »Verhältnis zur Naturwissenschaft« hält sie »Einsicht in das Sein der Gegenstände ohne Rücksicht auf ihr Gewordensein für möglich«. »Die Beschäftigung mit dem eigentlichen und echten

Sein erscheint ihr als die höchste Aufgabe der Menschheit« und stellt die Naturwissenschaft als ganz engen, untergeordneten Zweig des intellektuellen Tuns dar« (S. 379). Nur wer darauf hoffen kann, dass die Öffentlichkeit sich kein Bild von klassischer Phänomenologie machen kann, wird sie als eine Errungenschaft philosophischer Aufklärung anpreisen.

Wie auch immer Phänomenologie heute ihren Charakter verändert haben mag und wie viele phänomenologische Strömungen auch weit abweichen mögen von Horkheimers Charakteristik, in den Diskussionen um Neurophilosophie kommt ein ihr immanenter naturwissenschaftsfeindlicher Zug wieder zum Tragen. Habermas stärkt genau diese Linie indem er vorgibt, »einen phänomenologisch angemessenen Begriff von Handlungsfreiheit einführen« zu wollen (Habermas 2004a, S. 35; Habermas 2004b). Aber sein Unterfangen bleibt ein rein akademisches Experiment und nützt allein jenem von Horkheimer kritisierten Ziel, »Philosophie wieder in vollem Bewußtsein als selbständige Disziplin« zu etablieren. Wer nicht schon anerkennt, dass ein solcher Begriff von Handlungsfreiheit erforderlich sei, wird es auch nach der Lektüre seiner Artikel nicht verstehen. Tatsächlich aber erklärt er die Naturwissenschaften für nicht zuständig für Theorien des Geistes und weist ihr Vorgehen als reduktionistisch zurück, zumal deswegen, weil sie die mentalen Phänomene als »Epiphänomene« betrachteten. Auch hierfür besteht keinerlei andere Notwendigkeit als allein eine solche, die die Bedeutung naturwissenschaftlicher Fragestellungen für die Philosophie zu schmälern versucht. Gleichwohl bleibt Habermas die Antwort schuldig, warum sein Programm nicht reduktionistisch sein soll, wenn er doch versucht, naturwissenschaftliche Forschungsergebnisse auf einen phänomenologischen Begriff zu reduzieren. Sowohl der Vorwurf des Reduktionismus gegenüber Hirnforschern als auch derjenige, Neurowissenschaftler erklärten die bewussten Erlebniszustände für Epiphänomene, ist falsch. Vor allem Gerhard Roth hat an zahlreichen Stellen klar dargelegt, dass der Vorwurf des Epiphänomenalismus und derjenige des Reduktionismus unzutreffend sind. Akademische Philosophie hat diese Auskünfte stets ignoriert und trägt beharrlich die alten Vorwürfe an die Neurowissenschaften heran.

Freiheit als Überbauphänomen

Die Bezeichnung *Überbauphänomen* aus der materialistischen Philosophie scheint geeignet, die Unhaltbarkeit des Vorwurfs des Epiphänomens und des Reduktionismus aus philosophiegeschichtlicher Perspektive zu erweisen. Betrachten wir unsere Vorstellungen von Freiheit, von Selbstbewusstsein, von Geist und mentaler Repräsentation als Überbauphänomene, dann erkennen wir schnell, dass es sich dabei nicht um eine Sache handelt, die keine Rückwirkung auf ihre materielle Basis haben kann, wie das für Epiphänomene gelten soll. Im Gegenteil: Die rückwirkende Kraft von Überbauphänomenen auf das Handeln der Menschen ist geradezu ungeheuerlich. Wer wollte leugnen, dass der geistige Überbau eines religiösen Bewusstseins nicht Menschen zu barbarischen Selbstmordattentätern machen kann; wer wollte leugnen, dass der juristische Überbau einer Gesellschaft die Privatsphäre von Individuen empfindlich verletzen (freilich auch schützen) kann; wer wollte leugnen, dass selbst ernannte »Freiheitskämpfer« mit Parolen der Freiheit immer schon Massen bewegen konnten, um Menschen in tiefere Unfreiheit zu stürzen, und wer wollte schließlich leugnen, dass die Vorstellung vom Sonnenuntergang nicht schon die herrlichsten kulturellen Werte und persönlichen Freuden hervorgebracht hat, obwohl es gar keinen Sonnenuntergang gibt? Anders nämlich als das Kunstwort »Epiphänomen« beschreibt der Begriff »Überbau« dasjenige, was sich tatsächlich beobachten lässt: Obgleich das autonome und einheitliche *Ich* ebenso wie das Gefühl der Willensfreiheit eine Illusion sein können, haben sie recht massiven Einfluss auf das Handeln der Menschen. Was nun ist ein Überbauphänomen? Ethik, Religion und Ideologie sind Überbauphänomene. Wodurch weisen sie sich als solche aus? Dadurch, dass sie aus einer vorgängigen materiellen Beschaffenheit ein geistiges Substrat bilden. Zudem gaukelt dieses geistige Substrat, das von sekundärer Natur ist, dem Gehirn, das es hervorgebracht hat, vor, dass es von primärer Natur sei. Das Sekundäre erklärt sich im Nachhinein selbst als Grundlage. Tatsächlich ist es nicht die Grundlage, sondern ein über ihr liegendes Gebilde.

Auch lässt der Begriff des Überbaus den Vorwurf des Reduktionismus an sich abprallen. Mentale Phänomene (gleichgültig, ob wir sie als Bewusstsein definieren oder als Repräsentationen) werden nicht auf Physisches reduziert, sondern es wird *auch* aus Physischem erklärt, wie sie zustande kommen können. Dabei ist es entscheidend, dass eine Konzentration auf das Gewordensein stattfindet. Philosophische Theorien des Geistes, des Externalismus, der Supervenienz betrachten mentale Zustände und physische Zustände nicht in ihrer Entstehung, sondern als fertige Produkte. Der Begriff des Überbaus erlaubt es jedoch, den ideologischen Charakter unserer Denkinhalte zu verstehen und den Blick auf die Entstehung dieser Denkinhalte zu konzentrieren. Dabei verlieren diese Denkinhalte ihre Festigkeit. Der Begriff des *Überbaus* dient lediglich dazu darzulegen, dass die Inhalte unseres Bewusstseins, die Semantik des Internen und des Externen, nicht allein aus der Betrachtung dieses Bewusstseins oder dieser Semantik verstanden werden können. Hier ist von Reduktionismus keine Spur enthalten. Ein Überbauphänomen wird nicht auf eine Basis reduziert, sondern sein Verständnis wird durch die Betrachtung der materiellen Basis einerseits erleichtert und andererseits einer völlig anderen Erklärungen zugänglich gemacht.

Würde sich die Philosophie des Geistes von ihrem Vorwurf des Reduktionismus verabschieden und ihre Theorien als Überbauphänomene betrachten, müsste sie zugeben, dass sich ihre Denkinhalte nicht allein aus der Betrachtung ihrer Denkinhalte begreifen lassen und dass andere Erklärungen ebenso plausibel, vielleicht sogar plausibler sein können. Dies würde allerdings das Konzept einer Philosophie des Geistes zum Einsturz bringen.

Während in der professionellen Philosophie auf der Traditionslinie des Neukantianismus, zu dem die Schule der Phänomenologie Husserls zu rechnen ist, die akademisch sehr erfolgreiche Tendenz gestärkt werden konnte, dass die Inhalte der Geisteswissenschaften allein in den Zuständigkeitsbereich von Geisteswissenschaften fallen, hat sich eine kritische Traditionslinie der Kantauslegung von Schopenhauer über die Psychoanalyse zur *Kritischen Theorie* Max Horkheimers ausgebildet. Diese Traditionslinie hatte einen unakademischen Charakter und bediente sich erfolgreich der Theorie des Überbaus. Sie ist im akademischen Bereich der

Philosophie beinahe so wenig geachtet wie die Neurobiologie selbst.

Allerdings gewinnt diese Traditionslinie durch die neurobiologischen Forschungsergebnisse der Gegenwart eine ungeahnte Modernität. Ihr materialistischer Grundtenor beruht auf der Basis, dass die bewussten Inhalte unseres Denkens nicht allein aus dem Studium ihrer selbst verstanden werden können. Dieser Sachverhalt wird nicht geschmälert durch die Verwendung einer moderneren Nomenklatur. Denn auch semantische Eigenschaften und mentale Zustände sind nicht zu verstehen, wenn wir sie allein als semantische Eigenschaften und mentale Zustände betrachten.

Benjamin Libet hat ausdrücklich darauf hingewiesen, dass der »bewusste Geist ... nicht ohne die Gehirnprozesse existieren kann, die ihn erzeugen« (Libet 2004, S. 118). Eine materialistische Philosophie würde nun nach Korrelationen suchen, die das komplexe Verhältnis von Geist und Materie beschreiben, statt eine eigene Nomenklatur des Geistes zu verwenden, die der Illusion Vorschub leistet, Geist sei eine autonome Instanz, ein Ding wie die uns umgebenden Dinge. Jene materialistische Grundhaltung beinhaltet die Widerlegung der These, dass keine philosophischen Fragen durch Neurobiologie beantwortet werden könnten, die nicht auch die Philosophie selbst beantworten könnte. Wer demnach verstehen will, warum ein Philosophie-Professor diese und jene Theorie vorträgt, wird im Studium der jeweiligen Theorie keinen endgültigen Aufschluss finden. Nur wer sich klar macht, wie ein deutscher Hochschulprofessor für Philosophie seinen Lebensunterhalt verdient, versteht auch, warum ein Philosophie-Professor wenig Interesse daran haben kann, von Menschen verstanden zu werden, die nicht selbst wieder Philosophie-Professoren sind. Diese dem frühere Paradigma der Gesellschaftstheorie verpflichtete Erklärung für das Zustandekommen der Ideen und Theorien in den Köpfen von Philosophie-Professoren leitet sie allein aus den materiellen Grundlagen seines Lebens ab. Die Neurowissenschaften heute führen nun einen Paradigmenwechsel herbei. Die neuesten Kenntnisse der Arbeitsweise und des Aufbaus des menschlichen Gehirns erklären, dass es eine natürliche Tendenz der Großhirnrinde geben muss, ihre eigenen Repräsentationen wieder zu repräsentieren.

Hirnforschung als Ideologiekritik

Ein Gedankenexperiment vor Gerhard Roth macht deutlich, wie es zu rein akademischer Philosophie kommen kann: »Nehmen wir einmal an«, schreibt er in seinem Buch »Fühlen, Denken, Handeln«, »superintelligente und uns daher hoffnungslos überlegene außerirdische Wesen mit Gehirnen, die von den unseren radikal verschieden sind, würden auf die Erde kommen und unser Gehirn und seine Leistungen genau untersuchen. Natürlich (würden sie zu) dem Schluss kommen, dass sich dieses System aufgrund seiner hochgradigen Binnenverdrahtung im Wesentlichen mit sich selbst beschäftige. Reize beziehungsweise Informationen dringen – so wird von ihnen festgestellt – zwar von außen in das System hinein und Erregungen verlassen es, aber dieser Effekt ist verschwindend klein gegenüber dem internen Geschehen. Die außerirdischen Hirnforscher werden daraus ein hohes Maß an Selbststeuerung (Autonomie) ableiten. Sie werden vorhersagen können, dass sich in diesem Kortex eine eigene Vorstellungswelt aufbauen wird, die für den externen Beobachter mit den Geschehnissen außerhalb des Kortex irgendwie lose zusammenhängt. Für die Elemente innerhalb der kortikalen Vorstellungswelt wird diese Welt jedoch die Einzige sein, die existiert. Während für den Beobachter alle kortikalen Erlebnisse virtuell sind, werden die Binnenelemente, d. h. die Zustände des Kortex, diese virtuellen Vorgänge und damit sich selber für die Wahrnehmungen realer Dinge beziehungsweise für die Verursachung realer Bewegungen halten« (Roth 2003, S. 225).

Trotz dieser berechtigten Überlegungen halten die meisten Philosophen eine Erklärung ihrer Produkte der Großhirnrinde aus diesen Produkten selbst für hinreichend. Sie ignorieren die Tatsache, dass es in erster Linie mit der Beschaffenheit des menschlichen Gehirns zu tun hat, dass es so etwas wie den esoterischen Binnenraum der akademischen Philosophie überhaupt gibt. Die Auskunft der analytischen Philosophie, dass ohne Gehirn kein Denken nötig sei, bleibt abstrakt und inhaltsleer. Um sie inhaltlich anzureichern, bedürfte es einer detaillierten Reflexion darüber, wie in den Theorien der analytischen Philosophie die materielle Basis, die das Gehirn darstellt, mit den Inhalten der Philosophie korreliert. Genau dieser Nachweis aber unterbleibt in der Philosophie auf weiten Strecken. Stattdessen erfolgt die stereotype Abgrenzung, es gebe nichts, was Hirnforschung der Philosophie mitteilen könne.

Aber alles, was an jener Erklärung über das Zustandekommen eines philosophischen Elfenbeinturms fruchtbar ist, würde niemals das Wohlgefallen von Philosophie-Professoren auf den Lehrstühlen der Philosophie des Geistes gewinnen können. So wenig, wie einem frommen, gottesgläubigen Menschen einleuchten wird, dass die Existenz des geglaubten Gottes vollständig aus den irdischen Ängsten und Nöten des Gläubigen entstehen kann, ja dass es eine natürliche Neigung einiger Strukturen des Temporallappens geben kann, religiöse Gefühle hervorzubringen, wird es der Professoren-Philosophie der Philosophie-Professoren annehmbar sein, die Existenz eines »Raumes der Gründe« aus den Eigenschaften des menschlichen Gehirns erklärt zu sehen. Gleich wie ein Theologe die Idee Gottes aus der Existenz Gottes erklären möchte, so wird der »Raum der Gründe« in der Philosophie kaum bereitwillig aus der Natur des Gehirns erklärt werden können, sondern stets nur aus der (vermeintlichen) selbständigen Existenz des »Raumes der Gründe«. In dem Maß, wie Neurowissenschaften dazu beitragen, dieser Tendenz der Vergegenständlichung der Denkprozesse entgegenzuwirken, leisten sie einen unverzichtbaren Beitrag zur Ideologiekritik in der Gegenwartsphilosophie.

Es sind diese theologischen Reste der akademischen Philosophie, aus denen sich ihr Gegensatz zu den Neurowissenschaften am elegantesten erklärt. Was fromme Menschen wie Heinrich von Kleist vor zweihundert Jahren in die Krise gestürzt hat, fasst Christian Geyer ironisch und mit den Worten Daniel Dennetts für den heutigen Menschen zusammen:

»Unser Leben ist eine Illusion. Das ist der lapidare Befund, mit dem Neurowissenschaftler die Szene aufmischen ... ›In Wirklichkeit‹ denke niemand, sondern das Gehirn spiele ein Spiel der Neuronen, bei dem das Selbst kein Wörtchen mitzureden habe. Umso schlimmer, heißt es, dass das Selbst auch noch auf die Illusionen hereinfällt, die ihm vom Neuronenspiel permanent vorgeführt werden. Zu diesen Illusionen gehört das Selbst selbst und die ganze Art, wie es seine Lebenswelt erlebt, also nicht nur sein Denken, sondern auch sein Fühlen und Wollen, sein Glauben, Hoffen und Lieben« (Geyer 2004, S. 9).

Kleist wollte die Wahrheit und Schönheit erkennen, und zwar unabhängig vom trügerischen Spiel der Erkenntnisleistungen der Sinne und des Verstandes. Er wollte die Welt und ihre Bewegungskräfte verstehen allein aus der Betrachtung der bewussten Gedanken über diese Welt. Nun sollte er sich damit abfinden, dass dies nicht möglich sei. Mit dem Verlust dieser Möglichkeit war ihm der Wert von Wahrheit und Bildung selbst verloren gegangen. Eine ähnliche Furcht spricht aus den Beiträgen und Kommentaren zu den Thesen der Neurowissenschaften von Christian Geyer. Was ist die Beschäftigung mit Freiheit noch wert, wenn wir anerkennen, dass das Gefühl von Freiheit eine Illusion sein könnte? Freiheit ist ein Wunsch der Menschen, nicht anders als sich in der Religion der Wunsch des Menschen widerspiegelt. Und Geyer lässt uns erahnen, dass mit dieser Furcht eine weitaus schlimmere verbunden ist: Wie nämlich lässt sich ein funktionierendes Wertesystem und eine dazu gehörige Ethik errichten, wenn deren wichtigsten Fundamente – Gott und die reine Vernunft (Theologen und Priester bevorzugen Gott, Philosophen ziehen die reine Vernunft oder mentale Ereignisse vor) – sich höchstens als eine nützliche Fiktion erweisen sollten? Ein frommer Mensch führt sein Gott gefälliges Leben nicht für einen bloß gedachten Gott. Es muss schon ein richtiger Gott sein, und diesen dürfen ihm Neurowissenschaftler nicht in Hirnmaterie auflösen. Ebenso wenig arbeiteten Philosophie-Professoren an ihren Konzepten der Vernunft, der mentalen Ereignisse, des Selbstbewusstseins und der Willensfreiheit, wenn sie sich dabei nicht auf eine reale Vernunft, auf reale Ereignisse, auf eine reale Freiheit und ein reales Bewusstsein verlassen können. Die Probleme, die sich frommes Denken, Theologie und akademische Philosophie geschaffen haben, sind systemimmanent. Aber sie werden in der Systemimmanenz nicht gelöst. Erst der ideologiekritische Standpunkt der Neurowissenschaften kann hier Denkformen umgestalten.

Viele Argumente aus dem Bereich der akademischen Philosophie verdunkeln mit komplizierten Ausführungen, dass es um einen sehr einfachen Sachverhalt geht. Ich möchte daher Folgendes noch einmal unterstreichen: Die Inhalte unseres bewussten Denkens können nicht vollständig verstanden werden aus der Betrachtung des bewussten Denkens allein; die Grammatik, mit der wir Bedeutung fixieren, kann nicht verstanden werden durch die alleinige Betrachtung dieser Grammatik. Es bedarf einer materiellen Basis. Diese Basis haben vor 50 Jahren die Soziologie und die politischen Wissenschaften bereitgestellt. Mit den Forschungsergebnissen der Neurowissenschaften hat ein Paradigmenwechsel stattgefunden, der auch zahlreiche Aspekte des gesellschaftlichen Seins noch aus der Basis der physischen Beschaffenheit des Gehirns erklären kann.

Gerhard Roth unterscheidet mit Recht zwischen Wirklichkeit und Realität und verweist damit auf den Kern des Problems. Unser Gehirn widersetzt sich von Natur aus der Einsicht, dass es die Wahrnehmung der Welt aus wenigen und selektiv gewonnenen Sinnesdaten nach einem Ökonomieprinzip zusammenfabuliert. In Roths Unterscheidung erkennen wir Wirklichkeiten, die das Gehirn konstruiert hat, nicht aber Realitäten, die unabhängig vom Gehirn da sind. Diesem Sachverhalt entspricht die kantische Unterscheidung von Ding an sich und Erscheinung, an der sinnvollerweise auch heute noch festzuhalten ist.

Genau umgekehrt aber will es der fromme Mensch. Er möchte sich nicht mit der vom Gehirn konstruierten Wirklichkeit seines Gottes auseinander setzen, ihn interessiert nur der reale Gott, der auch dann da ist, wenn er ihn nicht im Gehirn konstruiert. Und nicht anders denken viele Philosophie-Professoren, auch wenn sie ihre Gedanken nicht auf Gott beziehen. Die Wirklichkeit der Freiheit, die allein ein Konstrukt des Gehirns sein soll, interessiert sie nicht. Sie wollen ihrem Begriff von Freiheit oder der von ihnen geschaffenen Bedeutung von Freiheit größere Realität beimessen als in einer kritisch-materialistischen Philosophie erlaubt wäre.

Wenn wir die kantische Terminologie auf die Forschungsergebnisse der Neurowissenschaften anwenden, dann erhalten die reinen Formen der Anschauung – Raum und Zeit – eine physiologische Basis. Die Beschreibung von Raum und Zeit als »reine Formen der Anschauung«, deren Zustandekommen neurowissenschaftlich erklärt werden kann, ist nicht sonderlich aufregend. Aufregend ist aber, dass noch immer Rückfälle hinter Kant zu beobachten sind, wenn Philosophen dem Raum und der Zeit einen absoluten Status beimessen, wie wir das von der Physik Newtons gewöhnt waren (vgl. Höffe 2003, S. 94). Sie wollen dann (im Sinne Gerhard Roths) von realem Raum und realer Zeit sprechen, statt sich mit der Konstruktwirklichkeit zufrieden zu geben. Diese Denker haben dann bereits größte Schwierigkeiten, wenn sie sich in die Denkweise Kants versetzen sollen, derzufolge das alles beherrschende Gesetz der Kausalität ausschließlich in dem Sinn betrachtet wird, dass es von den Verstandesleistungen zu den Wahrnehmungen hinzukomponiert wird. Kants Kausalität ist genau diejenige Brille, die uns alle Dinge kausal verfasst erscheinen lässt. Wo Begriffsrealisten immer schon Schwierigkeiten mit der Synthesisleistung des Verstandes im Sinne Kants hatten, werden sie vollends die Orientierung verlieren, wenn sie erkennen sollen, dass es keine bloße Spekulation eines ostpreußischen Philosophen gewesen ist, der die Erkenntnisinhalte als im Wesentlichen abhängig vom erkennenden Subjekt erklärt hatte, sondern ein Mechanismus unseres Denkens, der inzwischen durch Neurowissenschaften eine materialistische Basis erhalten hat.

Elemente eines Paradigmenwechsels

Der Gedanke einer hirnphysiologischen Umgestaltung der Transzendentalphilosophie geht auf Arthur Schopenhauer zurück. Alfred Schmidt hat ihn erstmals in Erwägung gezogen (vgl. Schmidt 2004, S. 194). Es ist eine offene Aufgabe, diesem Gedanken heute einmal nachzugehen, ohne den für Schopenhauer grundlegenden Hintergrund der Willensmetaphysik zu bemühen. Bleiben wir einmal bei der transzendentalen Fragestellung der *Kritik der reinen Vernunft* Immanuel Kants, nämlich bei der Konzentration auf die Frage, welche Erkenntnisleistungen unser Erkenntnisapparat in die vermeintlich objektiven Erkenntnisse selbst hineinlegt, dann sind bei einer hirnphysiologischen Wende der Transzendentalphilosophie folgende Gesichtspunkte zu berücksichtigen.
1. Raum, Zeit und Kausalität sind keine Kategorien einer physischen Welt, die von der mentalen Welt unabhängig wäre, sondern selbst mentale Phänomene.

2. Das »Ich«, das alle meine Vorstellungen begleiten können muss, entsteht nicht im luftleeren Raum einer »intelligiblen Welt«, sondern kann aus den Funktionen des Arbeitsgedächtnisses und der Kurzzeitgedächtnisse erklärt werden. Dadurch erhalten Kants Formulierungen eine materielle Basis.
3. Kants Unterscheidung zwischen Verstand und Vernunft erhält durch Neurowissenschaften einen Unterbau. Unter Verstand lassen sich die Strukturen des schlussfolgernden Denkens, der Auffindung von Ordnungsstrukturen und deren Vergleich mit anderen zusammenfassen, während Vernunft im weitesten Sinne der Tätigkeit des Präfrontalkortex entspricht, in dem die Langzeitplanung für unser Handeln vorgenommen wird und die spezifisch moralischen Qualitäten und Werte erzeugt werden. Für eine auf Neurobiologie aufbauenden Ethik wäre also besonderes Augenmerk auf die Frage zu lenken, wie wir aus einer Langzeitplanung die Umsetzung in eine Handlung gewinnen können. Denn zum Handeln taugen bislang vornehmlich die kurzfristigen Ziele, die mit schnellem Erfolg verbunden sind, aber nicht unbedingt auf Dauer die besseren Ergebnisse hervorbringen müssen.
4. Dass es einen »Vorrang der praktischen Philosophie« geben müsse, wie es Kant für sein Gesamtwerk beansprucht, lässt sich durch Neurobiologie und Neuropsychologie hervorragend bestätigen. Es gibt offenbar eine Präferenz des menschlichen Gehirns für die Erklärung wahrgenommener Zusammenhänge nach moralischen Prämissen. Kants Forderung erhält also auch in diesem Punkt eine hirnphysiologische Bestätigung. Allerdings hatte Kant geglaubt, die innere Struktur der Vernunft sei der Grund für den Vorrang praktischer Philosophie wie Ethik. Nur ist es eben nicht die Vernunft, die vernünftig denkt, sondern das Gehirn.
5. Während Immanuel Kant noch durch eine Betrachtung der reinen Vernunft und der Verstandesleistungen zu Erklärungen gelangte, wie die Konstrukte unserer Welt im Denken hergestellt werden, sind es heute neurobiologische Beobachtungen, die zu ähnlichen Überzeugungen gelangen.

»Schließlich sind da die Phänomene, die aus unserer Wahrnehmung erwachsen, über eine geistige, mentale Dimension zu verfügen, die uns befähigt, frei über uns befinden zu können, zu werten und zu entscheiden. Diese immateriellen Phänomene erleben wir als ebenso real wie die Erscheinungen der dinglichen Welt, die uns umgibt« (Singer 2004, S. 237).

6. Die Vernunftkritik Kants trägt einige »notwendige Postulate« der Vernunft vor. Verstehen wir auch hier wieder *Vernunft* nicht als einen abstrakten Raum von Gründen oder eine abstrakte *intelligible Welt*, dann zeigt sich abermals am menschlichen Gehirn, dass es die verlorene Instinktsicherheit durch leitende Antworten auf die Sinnfrage für sicheres Handeln nutzen kann. Kant nennt Gott, Freiheit und Unsterblichkeit. Wenn wir dabei nur an die Tatsache denken, dass der »Glaube Berge versetzen kann«, dann verstehen wir die Rede Kants von den notwendigen Postulaten der Vernunft besser. Ohne die Hoffnung auf eine bessere Welt und die Erlösung durch eine höhere ordnende Macht wird es den meisten Menschen auch in Zukunft nicht möglich sein, ihr Leben erfolgreich zu meistern. Sie werden scheitern am Sinnverlust und seinen neurotischen Folgen. Hirnforscher erklären heute sehr überzeugend, dass es einen evolutionären Vorteil für Menschen bedeutet, wenn sie ihr Handeln auf ein ideales Ziel hin ausrichten können, das sowohl den Erfolg wie auch den Misserfolg (Gut und Böse) in denselben Sinnzusammenhang einzuordnen erlaubt. Auch wenn es einem frommen Menschen missfallen mag, diese Erklärung zu akzeptieren, muss sie nicht deswegen falsch sein.

7. Schließlich ist das populärste Thema anzusprechen: die Willensfreiheit. Aus Sicht der Transzendentalphilosophie Kants gibt es verschiedene Bezüge zum Thema Freiheit. Eines verweist in besonderer Hinsicht auf den Zusammenhang mit Hirnforschung. Das zweite Hauptstück des zweiten Buches der »Transzendentalen Dialektik« trägt folgende Erklärung vor:
»Hier zeigt sich nämlich ein neues Phänomen der menschlichen Vernunft, nämlich: eine ganz natürliche Antithetik, auf die keiner zu grübeln und künstlich Schlingen zu legen braucht, sondern in welche die Vernunft von selbst und zwar unvermeidlich gerät, und dadurch zwar vor den Schlummer einer eingebilde-

ten Überzeugung, den ein bloß einseitiger Schein hervorbringt, verwahrt, aber zugleich in Versuchung gebracht wird, sich entweder einer skeptischen Hoffnungslosigkeit zu überlassen oder einen dogmatischen Trotz anzunehmen und den Kopf steif auf gewisse Behauptungen zu setzen, ohne den Gründen des Gegenteils Gehör und Gerechtigkeit widerfahren zu lassen. Beides ist der Tod einer gesunden Philosophie, wiewohl jener allenfalls noch die Euthanasie der reinen Vernunft genannt werden könnte« (Kant, B 433f.). – Ohne sich näher zu erklären, spricht Kant von einer »ganz natürliche Antithetik«. Was meint er an dieser Stelle mit Natur? Die Antwort auf diese Frage bleibt Kant schuldig. Neurobiologen jedoch bereiten heute die Antwort vor. Es ist eine Eigenheit unseres Gehirns, ein Erlebnis von Freiheit zu suchen, zu formulieren, obgleich es in anderer Hinsicht für alle Beobachtungen eine adäquate Ursache ausweist. Der Widerspruch, sich frei zu erleben und gleichzeitig alles Handeln durch Gründe bestimmt ausweisen zu wollen, ist eine natürliche Neigung des Gehirns. »Die Frage«, so sieht es die neuere Biologie, »was Willensfreiheit in Wirklichkeit sei, erweist sich ebenso wie die nach der Realität des Bewußtseins als falsch gestellt. Willensfreiheit ist ein subjektives Bewußtseinsphänomen und erscheint als solches nur im hirnbegabten Individuum, das zweifellos ein Bestandteil der empirischen Welt und daher einschließlich seiner Gehirnvorgänge restlos kausal determiniert ist« (Oeser u. Seitelberger 1988, S. 117). In der Sprache Kants könnte man sagen: Freiheit ist ebenso wie Raum und Zeit von transzendentaler Idealität und von empirischer Realität (Kant B 44).

Furcht vor der Neurobiologie

Die Hauptströmung der heutigen professionellen Philosophie hat sich durch eine eigene Nomenklatur gegen naturalistische Ansichten im Sinne eines Materialismus abgeschottet. Inzwischen zeigt sich aber, dass die Erklärungen der professionellen Philosophie zu den Themen Bewusstsein und Willensfreiheit, da zu schwerfällig, unnötig kompliziert und auf weiten Strecken mit geringem Erklärungswert, aber großem intellektuellem Aufwand, marginalisiert werden. In den wichtigen erkenntnistheoretischen Fragen sind es die neurobiologischen Überlegungen, die einerseits unmittelbar an die transzendentale Fragestellung nach den Bedingungen der Möglichkeit von Erkenntnis anknüpfen, verständliche Antworten geben und andererseits einer naturalistischen Basis den Vorrang erteilen.

Mit völlig überzogenem rhetorischen Aufwand versucht Matthias Vogel gegen die Entwicklung anzudenken, dass Neurowissenschaften inzwischen eleganter und mit größerer Breitenwirkung erkenntnistheoretische und moralkritische philosophische Fragestellungen behandeln. Ein genauerer Blick auf seine Thesen zeigt, wie sehr die Ausführungen von Furcht statt von rationaler Einsicht motiviert sind. In seiner Replik auf Wolf Singers Beitrag in der »Deutschen Zeitschrift für Philosophie« trägt Matthias Vogel unter dem Titel »Gehirne im Kontext« in derselben Zeitschrift den stereotypen Grundkonsens der analytischen Philosophie des Geistes vor, der die Versicherung bemüht, die Hirnforschung könne zur Bewältigung philosophischer Fragen keinen Beitrag leisten (Vogel 2004, S. 985ff.).

Diese Auskunft ist falsch. Eine Betrachtung der vorgebrachten Gründe für die genannte Versicherung unterstreicht bereits die These Gerhard Roths und anderer, dass wir aus Ursachen handeln und dieses Handeln nachträglich mit plausiblen Gründen unterlegen. Die Zurückweisung der Neurowissenschaften muss demnach wesentlich auch andere Ursachen haben als diejenigen, die in den Gründen argumentativ vorgetragen werden und vielleicht sogar durch diese vorgetragenen Argumente verwischt werden. Zumindest in der Aufklärung über andere Ursachen der Unvereinbarkeit von Philosophie des Geistes und Neurowissenschaften kann die Hirnforschung demnach einen Beitrag zur Bewältigung philosophischer Fragen leisten, welche die Philosophie aus sich heraus nicht erbringt. Ich möchte nun zeigen, dass viele der vorgebrachten Gründe der Vertreter der Philosophie des Geistes nicht haltbar sind. Einige von ihnen fallen auf die Autoren, die sie vorbringen, selbst zurück und lassen eine tief liegende Furcht vor dem Verlust der Zuständigkeit vermuten, die sich als eigentliche Ursache der Ablehnung der Neurowissenschaften zu erkennen gibt.

In welchen Argumenten erklärt die Philosophie des Geistes ihre Alleinzuständigkeit? Matthias Vogel hat sie beispielhaft zusammengefasst.

I.

Vogels Voraussetzung besteht darin, dass er den Konstruktivismus der Neurobiologie von Singer, Roth und anderen Autoren glaubt zurückweisen zu müssen, weil er den »kohärente(n) Zusammenhang(e)« verschiedener, unvereinbarer Perspektiven bestreite. »Eine in einander völlig fremde Formen zerfallende Vernunft wäre am Ende gar keine« (Vogel 2004, S. 985).

Hiergegen ist Zweierlei zu erwidern: 1. Es wird der kohärente Zusammenhang von Neurobiologen nicht ausgeschlossen, sondern anders als in der Philosophie des Geistes erklärt. Das Gehirn stellt immer Zusammenhänge her und benutzt dabei die am nächsten liegenden Erklärungen, wobei ein Wettbewerb um den Eintritt ins Bewusstsein stattfindet. Nach Wolf Singer bildet sich der kohärente Zusammenhang folgendermaßen:

»In dutzenden, räumlich getrennten, aber eng miteinander vernetzten Hirnarealen werden Erregungsmuster miteinander verglichen, auf Kompatibilität geprüft, und, falls sie sich widersprechen, einem kompetitiven Prozess ausgesetzt, in dem es schließlich einen Sieger geben wird. Das Erregungsmuster setzt sich durch, das den verschiedenen Attraktoren am besten entspricht« (Singer 2004, S. 250).

Entgegen vielen Versuchen in einigen Institutionen, den alten Generaldirektor wieder einzuführen, kommt das Gehirn bei seiner Organisation ohne Vormund aus. »Dieser distributiv angelegte Wettbewerbsprozess«, fährt Singer fort, »kommt ohne übergeordneten Schiedsrichter aus. Er organisiert sich selbst und dauert solange an, bis sich ein stabiler Zustand ergibt, der dann für den Beobachter erkennbar als Handlungsintention oder Handlung Erscheinung tritt. Welches der vielen möglichen Erregungsmuster als

Nächstes die Oberhand gewinnt, ist demnach festgelegt durch die spezifische Verschaltung und den jeweils unmittelbar vorausgehenden dynamischen Gesamtzustand des Gehirns. Falls diese Bedingungen Übergänge in mehrere gleich wahrscheinliche Folgezustände erlauben, dann können auch zufällige Schwankungen in der Signalübertragung zum Tragen kommen und dem einen oder anderen Zustand zum Sieg verhelfen« (Singer 2004, S. 250).

Institutionen, die bislang auf zentrale Steuereinheiten nicht verzichten wollen, könnten aus der Betrachtung der Arbeitsweise des Gehirns für ihre eigene Organisation lernen. Vor allem Institutionen, die sich selbst ihr eigener Inhalt sind, würden bald verschwinden, wenn sie nach dem Prinzip unseres Gehirns strukturiert wären. Das hätte sicher auch Auswirkungen auf die rein institutionell betriebene Philosophie.

Auch in Forschungsinstitutionen gilt, was für das menschliche Gehirn zu sagen ist: Was wahrgenommen wird, ist durch dasjenige bestimmt, was im Gehirn bereits repräsentiert ist. Die Konkurrenz um die erste plausible Erklärung, die anschließend das Bewusstsein erreichen wird, ist ein allgemein anerkannter Erklärungshintergrund für die Vorgeschichte der bewussten Erlebnisse.

»Für diese Ausbildung von Neuronen beim kleinen Kind ist charakteristisch, dass sich sogar eine Art von Aktivierungskonkurrenz einstellt«, folgert der Philosoph Hans Lenk aus diesem Sachverhalt. »Nichtaktivierte Neuronen werden nicht ausgebildet und verkümmern, aktivierte ›verdrängen‹ die anderen und setzen sich durch« (Lenk 2001, S. 9).

Der Nobelpreisträger Gerald M. Edelman hat sogar von einem neuronalen oder »neuralen Darwinismus« gesprochen (Edelman 1993). Auch Philosophen wie Daniel Dennett stimmen der These zu, dass Entwürfe von verschiedenen Arealen um den »Sieg« in Gestalt des Eintritts in das Bewusstsein konkurrieren. Auch hier liegt eine Theorie des Wettstreits – »multiple draft theory – vor, wonach der Sieger schließlich auf die Bühne des Bewusstseins tritt« (Lenk 2001, S. 9).

2. Vor diesem Hintergrund erweist sich Vogels Furcht vor dem Verlust einer einheitlichen Vernunft als ein Relikt des 19. Jahrhunderts. Schon Nietzsche, Marx, Schopenhauer und der Existenzialis-

mus haben ihre Konzepte ohne den Begriff einer einheitlichen Vernunft zustande gebracht. Deren Zerfallen in fremde Formen muss zudem nichts Beklagenswertes sein. Neurobiologen zeigen heute, wie das menschliche Gehirn aus unzusammenhängenden Wahrnehmungen und weltanschaulichen Fragmenten ein zusammenhängendes Konstrukt zusammenfabuliert, das wir verstehen können, ohne ihm das vereinheitlichende Netz der reinen Vernunft überstülpen zu müssen. So belehrt die Neurobiologie Philosophen heute darüber, dass es sehr viel interessanter sein kann, der Tätigkeit des Gehirns nachzuspüren, das aus Fragmenten und der Gewohnheit der Vernunft widersprechenden Elementen ein Ganzes von Erlebnissen und Sinnhaftem komponiert. Ja, die Vernunft selbst erscheint hierbei als ein solches Konstrukt, das seinem Träger den Eindruck vermittelt, etwas Bleibendes, Wertvolles, Erhaltenswertes und Autonomes zu sein. Dass dieser konservative Aspekt in erster Linie eine Auskunft über die Arbeitsweise des Gehirns und seine Strategien zur evolutionären Vorteilsnahme erteilt, ist in der Terminologie der Philosophie des Geistes bislang nicht erfasst worden.

II.

Vogel gibt zu, dass er Singer nicht mehr verstehe (Vogel 2004, S. 987). Aber es ist für ihn selbstverständlich, dass dies Singer zu verantworten habe. Dass Vogel selbst das Unverständnis erzeugen könnte, kommt ihm nicht in den Sinn. Auch hier beantworten Neurobiologen Fragen, die aus dem Binnenraum der Philosophie heraus nicht mehr beantwortet werden können. Was der Verteidiger der philosophischen Esoterik nicht mehr versteht, ist der einfache Zirkel, den bereits Eduard Zeller (Zeller 1873, S. 885ff.) bei Schopenhauer vermutet hatte: Einerseits befindet sich das Gehirn in der Welt und andererseits möchte das Gehirn die Welt innerhalb seiner selbst ergründen. Während Vogel eine komplizierte mathematische Umformulierung des Problems vornimmt, in dessen undurchsichtigem Nebel er das Problematische an dem Problem nicht mehr erkennen kann, hatte schon Adorno aus diesem Dilemma den Erkenntnisgewinn gezogen, dass uns solche Zirkel auf den Vorrang des Objekts stoßen. Die beiden Aussagen: »Das Gehirn ist in der Welt« und »Die Welt ist im Gehirn« sind logisch betrachtet nicht gleichwertig. Hier hat die Aussage »Das Gehirn ist in der Welt« Vorrang, weil sie die Bedingung beschreibt, durch welche die gegenteilige Aussage »Die Welt ist im Gehirn« allererst ermöglicht wird. Aus diesem Erkenntnisgewinn folgt der Arbeitsauftrag für die philosophische Forschung, der Vorrangigkeit des Objekts auch im Vollzug der Wissenschaft Rechnung zu tragen, indem sie in ihren Thesen den sekundären Charakter der Denkinhalte, die sich als eine Welt des Geistes gebärden, auch zur Geltung bringt. An diesen Arbeitsauftrag aus der Einsicht in den Vorrang des Objekts erinnern Neurobiologen heute mit Recht, denn in den Konstrukten der Philosophie des Geistes hat sich in den vergangenen zwanzig Jahren die Welt wieder von den Füßen auf den Kopf gestellt.

Wahrscheinlich deswegen übersieht Vogel bereits im ersten Teil seiner Ausführungen (Vogel 2004, S. 988), dass es lange schon bekannt ist, dass die Verben »leben« und »denken« nicht gleichwertig zu behandeln sind. Wenn uns – wie Vogel noch richtig erkennt –, »weil wir leben«, das Leben nicht notwendig problematisch werden muss, heißt dies nicht, dass das Denken, weil wir denken, unproblematisch bleibe. Das Leben funktioniert nämlich auch, ohne dass wir denken; das Denken jedoch hört auf, wenn wir nicht denken. Schon ein Blick in die »Meditationen« von Descartes sowie die dazugehörigen »Einwände und Erwiderungen« hätte Vogel zeigen können, dass aus der Nicht-Reflexivität des Lebens keine Aussage zu gewinnen ist für die Reflexivität des Denkens. So verstärkt sich die Auskunft Singers: Ich kann mir nicht vorstellen, dass ich nicht bin, während ich mir sehr gut vorstellen kann, dass andere »Ichs« nicht sind. Wegdefinieren lässt sich dieser Unterschied zwischen der »ersten« und der »dritten Person« auch aus diesem Grund nicht.

III.

Vogel verweist weiterhin auf den Kategorienfehler, der Neurobiologen stets vorgeworfen wird zu begehen, und er erhält den Vorwurf aufrecht. Dieser beruhe darauf, dass Hirnforscher das Vokabular zur Beschreibung menschlicher Bezüge zueinander (wollen, streben, denken, Ziele verfolgen) auf die Funktionsweisen des Gehirns anwenden, und dies sei nicht statthaft. In der Sprache Singers umschreibt dieser Vorwurf des Kategorienfehlers den Rahmen des erkenntnistheoretischen Zirkels, den Vogel zuvor schon nicht verstehen konnte. Das Problem erwächst daraus, dass uns nur *eine* Sprache zur Verfügung steht, um einerseits *Sprache* als Produkt des Gehirns und andererseits *Sprache* als den produktiven Prozess des Gehirns zu beschreiben. Das Problem des Kategorienfehlers tritt nur in derjenigen Sichtweise auf, die die Produkte des Gehirns als ein Losgelöstes von seinem Produzenten betrachten möchte. Dann freilich erscheint es dem Sprecher so, als gäbe es wirklich einen anderen Autor der Sprache als das Gehirn selbst.

Auch dieses Problem ist nicht neu. Es ist ausführlich beschrieben in den zahlreichen Arbeiten, die dem Phänomen der Entfremdung und der Ideologiebildung seit mindestens einhundert Jahren gewidmet sind.

IV.

An einigen Stellen kann leicht gezeigt werden, dass die unlösbaren Probleme, die sich Vogel schafft, in erster Linie mit der Methode zusammenhängen, nach der er sie exklusiv formulieren möchte. Er stellt eine Liste der Thesen der Hirnforscher zusammen. Unter 4. lautet es dort: »Unsere Gehirne sind deterministische Systeme, daher sind wir nicht frei und müssen unser Selbstbild einer grundlegenden Revision unterziehen« (Vogel 2004, S. 989). Für Vogel sieht es dann so aus, als hätten die Hirnforscher damit eine Voraussetzung »und keines ihrer Ergebnisse« mitgeteilt. Freilich, das käme den Wünschen von Vogel und anderen nach und würde seinen Erwartungshorizont bestätigen. Um einer neurobiologischen Sicht näher zu kommen, brauchen wir das Problem nur in eine einfachere Form zu bringen. Dann sieht es so aus: Die Betrachtung von Prozessen im menschlichen Gehirn führt zu der Einsicht, dass bestimmte Gefühle von Freiheit sinn- und bedeutungslos werden, weil sie sowohl unter manipulierten als auch unter nicht manipulierten Voraussetzungen auftreten können. Um nichts anderes geht es in der von Neurobiologen aufgeworfenen Freiheitsproblematik. Was wir uns unter Willensfreiheit denken, bleibt nach wie vor unsere Sache. Nur die Sicherheit und die Unbedingtheit, mit der das Gefühl, frei zu sein, auftritt, verliert seine Stütze. Wir können uns frei fühlen, wenn wir manipuliert sind und wenn wir es nicht sind. Dass Freiheit leicht zu denken, wenn auch schwer in ein lückenloses Gedankensystem einzubauen ist, leugnet kein Neurobiologe. Allein der schwache Erklärungswert der bisherigen philosophischen Freiheitslehren und die Tendenz zum Missbrauch von Freiheitsideologien geben dem neurobiologischen Ansatz, Freiheit als eine Illusion zu betrachten, seine Vorzüge.

V.

Eine weitere stereotype Argumentation zur Abwehr der Neurobiologie ist der Verweis auf den epiphänomenalen Charakter von Bewusstsein und Freiheit, den Neurobiologen notwendig behaupten würden, den auch Vogel gebetsmühlenhaft bemüht (Vogel 2004, S. 991). Der Epiphänomenalismus ist eine Lieblingsformulierung der *Philosophie des Geistes*, um dasjenige mit einem Etikett zu versehen, das in der Schublade des Nicht-zu-Beachtenden auf immer verschwinden soll. Es muss sich irgendwann nach seiner Erfindung durch Thomas Huxley der *Epiphänomenalismus* als Wortfetisch gegen alle plausiblen Einwände in den Köpfen festgesetzt haben. Es gibt keinen Epiphänomenalismus und schon gar nicht in der Denkweise der maßgeblichen Neurobiologen und Hirnforscher. Im Gegenteil: Kein anderer als Gerhard Roth betont mit geduldiger Regelmäßigkeit, dass Epiphänomenalismus längst widerlegt ist und keinerlei Hilfe darstellen würde bei der Beschreibung der Phänomene Bewusstsein und Willensfreiheit (Roth 2003, S. 246f.). Als wollten sie nichts von dieser Argumentation wissen, halten Autoren wie Habermas, Geyer, Schockenhoff, Vogel, Detel sowie andere aus derselben Front mit stets wiederkehrender Ignoranz den Neurobiologen vor, sie würden Geist, Bewusstsein und Freiheit zu einem Epiphänomen erklären. (So beispielsweise Christian Geyer: »Das Mentale ist bloß ein Epiphänomen des Neuronalen, so heißt dieser Entlastungsvorgang in der Sprache der Gehirnforschung«, 2004, S. 14). Aber auch Eberhard Schockenhoff in einem »Spiegel«-Interview vom Dezember 2004 (Schockenhoff 2004, S. 119f.). Es handelt sich bei der hirnphysiologisch betrachteten Ich-Wahrnehmung und dem Gefühl eines freien Willens keineswegs um ein Epiphänomen, das, einmal aus der Hirnmaterie entstanden, keinerlei Einwirkung mehr auf die Handlungsabläufe der Individuen mehr hat. Vielleicht ist es ja möglich, hier zum letzten Mal darauf hinzuweisen, dass kein ernsthafter Neurobiologe von einem Epiphänomenalismus spricht.

VI.

Am stärksten fallen diejenigen Argumente der Philosophie des Geistes dort auf diese selbst zurück, wo sie sich auf ihr Bündnis mit dem Alltagsverstand und der Alltagspsychologie beruft. Auch hier bringt es Vogel auf den schwachen Punkt, der in seiner Wahrnehmung ein starkes Argument ist. Vogel schreibt:

»Denn die Massisch-philosophische wie auch alltagspsychologische Aussage, ›mein Arm und meine Hand haben nach der Kaffeetasse gegriffen, weil ich dies so gewollt habe!‹ sei ›nicht richtig‹. Wenn ›nicht richtig‹ so viel bedeutet wie ›falsch‹, dann wären alle Sätze des Typs ›Ich tat x, weil ich x gewollt habe‹ falsch« (Vogel 2004, S. 991).

Auf dieses Argument werde ich in meinem unten stehenden Beitrag zu Schopenhauers Schrift über die Willensfreiheit ausführlich eingehen. Vogel übersieht, dass, von einer anderen Seite aus betrachtet, der Satz: »Ich kann tun, was ich will«, tautologisch ist. Freilich kann ich tun, was ich will, aber es stellt sich die Frage, ob ich wollen kann, was ich will. Ich finde in meinem bewussten Erleben immer mein Tun mit meinem Wollen verbunden. Das ist trivial. Aber dass das Wollen bereits vom Erwartungshorizont geprägt ist, der bis zum Auftritt von Freiheit reichen kann, erwägt Vogel nicht einmal. Vogels Argumente sind überflüssig und unnötig kompliziert, ja so sehr verklausuliert, dass sie ihm den Blick auf das Wesentliche versperren. Es gibt keinen Grund auszuschließen, dass etwas, was viele denken, falsch sein kann, obgleich alle Beteiligten glauben zu verstehen, was die Bedeutung des von ihnen für richtig Gehaltenen ist. Vogel würde beispielsweise der Auffassung der Alltagspsychologie dort nicht Recht geben, wo sie bekundet, dass akademische Philosophie eine überflüssige Selbstbefriedigung sei, die von der Öffentlichkeit nicht notwendig bezahlt werden müsse. Auch die massenweise vertretene Überzeugung, dass im Glauben an Gott wohl etwas Wahres erkannt sein müsse, weil wir sonst die Bedeutung von Gott nicht erfassen könnten, würde Vogel niemals akzeptieren. So scheint das Argument Vogels für ihn dann gültig zu sein, wenn die Alltagspsychologie seine Thesen bestätigt, jedoch falsch zu sein, wenn er sich widerlegt fühlt. Dadurch schon schrumpft die These auf ihre Schwundstufe. Zudem ist der logische Schein der Aussage: »alle Sätze des Typs ›Ich tat x, weil ich x wollte‹ können nicht falsch sein«, kaum mehr als eine Autosuggestion ihres Autors. Ich werde in dem erwähnten weiteren Beitrag zu Schopenhauer zeigen, wie bereits Schopenhauer die Scheinlogik jener Versicherung als falsch entlarvt hatte und wie sich daraus die These ergibt: »Ich kann nicht wollen, was ich will.« So können wir festhalten, dass sehr wohl alles, was viele denken, falsch sein kann, und dass die Versicherungen Vogels, dass etwas nicht sein könne, eine leere Worthülse bleiben kann.

VII.

Nicht weniger stark fällt ein weiterer Bezug auf die Alltagspsychologie auf Vogel zurück. So versichert Vogel wieder in der bekannten Manier:
»Die Desillusionierungs-Rhetorik der Hirnforscher bleibt uns die Auskunft schuldig, wie es angesichts des Holismus des Menta-

len möglich sein soll, die Skepsis gegenüber Typen mentaler Erklärungen so zu begrenzen, dass nicht die Alltagspsychologie als Ganze bedroht wird und wir ein Verständnis des Zusammenhangs von Begriffen verlieren, dem wir ein Gutteil unseres Selbstverständnisses verdanken« (Vogel 2004, S. 992).

Die Behauptung kommt überredend, aber sie ist nicht wahr. Warum bleiben die Hirnforscher hier etwas schuldig? Warum müssen wir und insbesondere die Hirnforscher den Holismus des Ganzen erklären? Und warum schuldet uns nicht in erster Linie die Philosophie des Geistes diese Erklärung, die beharrlich das Problem erhalten will? Schon Adorno hatte bemerkt, dass wir durchaus auch auf den Gedanken des Holismus verzichten lernen könnten. Vogel fällt weit zurück hinter eine längst erreichte Position der Philosophie, die nicht zuletzt Adorno als die Forderung nach dem »Nichtidentischen« ausgesprochen hatte. In seinen »Studien zu Hegel« zeigte er, wie sich der Vernunftanspruch, der aufs Ganze gehen will, als das »Unwahre« erweist (Adorno 1974, S. 35).

Warum sollen die bislang vorliegenden Erklärungen der Neurobiologie nicht längst ausreichen, die unzureichenden Vorstellungen der Alltagspsychologie mit größerer Skepsis zu betrachten? Vogels Versicherungen sind widerlegt durch die Erkenntnisse der Hirnforschung, dass unser Gehirn aus Fragmenten der Wahrnehmung und des Erwartungshorizonts den jeweils am schnellsten zu gewinnenden Sinnzusammenhang fabulierend konstruiert. Vogel selbst verfährt nach dieser Erkenntnis, ohne sie sich bewusst zu machen. Aber für diese Einsicht wäre der intellektuelle und rhetorische Aufwand Vogels nicht nötig gewesen.

VIII.

Aus der falschen Einschätzung der Bedeutung der Alltagspsychologie folgt auch die Falschheit der Aussage: »Eine Sprache, mit deren Hilfe sich die fraglichen Gehirnzustände beschreiben lassen, könnte die Stelle der alltagspsychologischen Sprache nur dann einnehmen, wenn sie alle ihre Funktionen übernimmt« (Vogel 2004, S. 993). Wieder gaukelt uns Vogel eine Schein-Notwendigkeit vor, die sich allein aus dem Sprach-, Denk- und Erwartungshorizont seines philosophischen Systems ergibt. Erstens »müssen« wir keineswegs eine Sprache erfinden, die die Stelle der Alltagspsychologie einnimmt, und zweitens »müssen« deren Funktionen auch nicht übernommen werden. Hirnforscher können bereits sehr gut erklären, dass Vogels Zwangsvorstellungen aus der Tätigkeit des Gehirns entspringen, den am nächsten liegenden Erwartungshorizont zur Bildung mentaler Zustände heranzuziehen. Es handelt sich bei mentalen Phänomenen um Überbauphänomene, von denen seit langem bekannt ist, dass sie als ein Sekundäres nicht losgelöst von einer Basis entstehen, jedoch sich und ihrem Träger den Anschein geben, das Primäre und von der Basis Unabhängige zu sein. Sich in mentalen Zuständen zu befinden bedeutet, sich im Überbau zu bewegen. Philosophie hat nun nicht die Aufgabe, die Illusion der Selbständigkeit des Überbaus zu perpetuieren, sondern Erklärungsmuster bereitzulegen, die die Abhängigkeit des Überbaus von der zugrunde liegende Basis einsichtig machen. In dieser Hinsicht leisten die wenigen Antworten der Neurobiologie auf die Frage Vogels, was es den heiße, sich in gewissen mentalen Zuständen zu befinden, einen großen Dienst.

IX.

Die weiteren Ausführungen Vogels unterstellen der Hirnforschung, dass es ihr darum gehe, eine Verdoppelung der Gedanken in der Hirnmaterie aufzuspüren. Diese Vorstellung verrät allerdings mehr über den positivistischen und statischen Blick von Vogel als über die Vorgehensweise der Hirnforscher. Die Vorstellung, dass das Mentale etwas ganz Anderes sei als das Physische, stammt nicht aus der Hirnforschung, sondern aus der Philosophie des Geistes. Insofern schaffen Philosophen allererst das Problem, das sie anschließend als ein nicht zu lösendes proklamieren. Vogel unterstellt der Hirnforschung also ein Problem, das dort gar nicht auftritt. Es ist ein Problem, das die Philosophie des Geistes lösen muss, wenn sie bei ihrer Begrifflichkeit bleiben will. Aus neurobiologischer Sicht geht es nicht darum, die Verdoppelung der Gedanken in speziellen Molekülen oder Neuronen des Gehirns nachzuweisen, sondern um die Beschreibung der mentalen Zustände als Ausdruck der Arbeitsweise des menschlichen Gehirns. »Das Gehirn bildet den Zustand des Körpers ab«, schreibt Antonio Damasio treffend über den Spinozismus der neueren Hirnforschung (Damasio 2003, S. 151). Die Ausführungen über den Mechanismus des Überbaus haben bereits deutlich gemacht, dass es nicht um eine Verdoppelung geht, sondern um ein Wechselverhältnis zwischen einem Ursprünglichen und einem Entsprungenen, in dem sich das Entsprungene als das Ursprüngliche wahrnimmt. Die heilserweckten Gefühle eines religiösen Fanatikers kommen ihm schließlich auch vor wie der selbständige Ausdruck der Existenz einer göttlichen Macht. Aber zu begreifen, dass es ebenso recht einfach zu manipulierende Areale im linken Schläfenlappen sein können, die ihm das Gefühl des Heils auch dann vermitteln könnten, wenn es keinen Gott gibt, erklärt das Entsprungene aus einer materiellen Ursprünglichkeit, nicht aus einer jenseitigen. In derselben Weise hängt die Vorstellung von der Herrlichkeit des Paradieses, das ein Mensch sich erträumt, der unter schwersten Bedingungen seinen Lebensunterhalt erarbeiten muss, von genau dieser Arbeitssituation ab, wie Marx in dicken Büchern erläutert hat. Aber in der Vorstellung dieses Arbeiters ist das vermeintlich existierende Paradies der Ursprung dieser Vorstellung. Ihm zu erklären, dass der Grund seines Paradieses in der materiellen Beschaffenheit seiner Arbeitswelt liegt, würde dem Arbeiter nicht weiterhelfen. Im Gegenteil, es würde ihn erschüttern, wenn er es einsehen würde. Das Entsprungene gestaltet sich durch unsere Hirntätigkeit in ein Ursprüngliches um.

Die Frage der Verdoppelung müsste also Vogel beantworten, der an der Autonomie mentaler Zustände (also dem Entsprungenen) gegenüber neuronaler Prozesse festhalten will, nicht jedoch die Hirnforschung, die ja gerade daran interessiert ist herauszufinden, wie die Illusion der Eigenständigkeit beispielsweise religiöser Heilserweckung durch neuronale Prozesse zustande kommen kann. Allerdings würde nicht nur ein krankhafter religiöser Fanatiker, sondern auch ein durchschnittlich frommer Mensch empfindlich gekränkt sein, wenn wir ihm mitteilten, dass er wohl eher mit einem Temporallappenepileptiker vergleichbar sei als mit einem fürs Paradies Auserwählten. Diese Empfindlichkeit findet sich schließlich auch dort wieder, wo Philosophen des Geistes sich der Provokation ausgesetzt sehen, dass weniger die innere Logik ihres Systems die wissenschaftlichen Fragen aufwirft, die sie in Dissertationen und Habilitationen behandeln, sondern die Tendenz der Großhirnrinde, wesentlich mit sich selbst beschäftigt zu sein.

X.

Dass Vogel und seine Gewährsleute unnötigerweise einen völlig abstrakten Begriff des Geistes mit sich führen, zeigt schließlich sein Gedankenexperiment, in dem er sich vorstellt, das Denken könne ohne Gehirn gedacht werden. Sein Beispiel wäre doch nur dann sinnvoll, wenn es der Fall wäre, dass wir ohne Gehirn denken können. Die verkehrte Welt, in der Vogel denkt, offenbart sich vollends, wenn er behauptet, das Denken ohne Gehirn sei vergleichbar mit dem Fahren eines Autos ohne Motor (Vogel 2004, S. 996f.). Nur wer einen völlig abstrakten Begriff von Denken, Geist und Gehirn hat, kann sich solche Beispiele ausdenken, in der sich der Mensch erlaubt, sich in eine Welt hineinzudenken, in der das Denken gar nicht möglich wäre. Hier werden die Hirnforscher in eine Denkwelt hineingezogen, die sie mit Problemen belasten soll, die sich allein aus der Mystifizierung von Denk- und Geistkonstrukten ergibt, die sie nicht nur niemals selbst erfunden hätten, sondern vor deren Erfindung ihre aufklärende Wissenschaft geradezu warnt. Die Perversion der Philosophie des Geistes zeigt sich an nichts so deutlich wie an solchen Gedanken, in denen sie sich in Welten hineindenkt, in der ein denkender Mensch nicht einmal existieren könnte. Es ist also abermals der Hirnforschung zu danken, dass sie bestrebt ist, in solchen Fällen die philosophische Welt vom Kopf auf die Füße zu stellen; denn ohne Beihilfe wird sich die allein gelassene Philosophie nur noch tiefer in Undenkbarkeiten hineindenken.

Auch die weiteren Ausschweifungen Vogels in kosmische Welten und der Versuch, Neurobiologie in Probleme hineinzuziehen, die allein entstehen, wenn man eine abstrakte Philosophie des Geistes vertritt, dienen weniger der erklärten Absicht Vogels zu zeigen, dass Neurobiologie der Philosophie keinen Dienst leisten könne. Sie legen das Gegenteil nahe. Die Hypothese »Geist« wird in dem Maß überflüssig, wie sie sich in die von Vogel demonstrierten Überlegungen verstrickt. Sobald man die Probleme der Philosophie des Geistes nicht akzeptiert, und die oben stehenden Ausführungen haben gezeigt, dass die Versuche, ihre Notwendigkeit zu begründen, außerordentlich stumpf sein können, entstehen auch die weiteren Scheinprobleme nicht. Es stellt sich vielmehr die Frage, ob nicht die neurobiologischen Erklärungen Aussicht auf wesentlich elegantere und interessantere Erklärungen für unsere mentalen Zustände eröffnen und zudem den Erwartungen der Alltagspsychologie mindestens ebenso weit entgegenkommen wie die Verklausulierungen einiger Vertreter der Philosophie des Geistes.

Zusammenfassend gebe ich hier zu bedenken, dass die Neurobiologie die Philosophie an die brisantesten ihrer Thesen erinnert, die sie in der Entwicklung einer diesen unangemessenen Nomenklatur offenbar aus den Augen verloren hat. Zu diesen Thesen gehört:

1. der sekundäre Charakter der Vorstellungswelt mit all ihren logischen, systematischen, geistförmigen Konstrukten;
2. der sekundäre Charakter der Reden der Philosophen; denn um ihre Reden zu verstehen, müssen wir immer hinzurechnen, was sie verschweigen, um Zuständigkeit ihrer Institutionen nicht zu gefährden;
3. die Wirkungslosigkeit von Vernunftgründen und die daraus folgende Einsicht in die Halbherzigkeit von Vernunftethiken;
4. Konzentration auf materielle Triebkräfte des Handelns, deren Reflex wir noch in den Ideen wahrnehmen können;
5. die Forderung, Philosophie mit der Nicht-Philosophie beginnen zu lassen;
6. Besinnung auf die Einsicht, dass die Welt der Menschen ein Hirnphänomen ist;
7. Entlarvung der Unzuverlässigkeit der Alltagspsychologie;

8. die gemeinsame Herkunft von Gründen und Ursachen aus dem in unserem Gehirn fest verankerten Kausalgesetz;
9. die von Spinoza bis zur Psychoanalyse gültige Betrachtung der Ideen als einer Abbildung der Zustände unseres Leibes;
10. Neurobiologie antwortet auf die Frage, wie es zur Bildung von Prestigebegriffen wie Geist, Freiheit, Bewusstsein kommen kann und warum sie sich so zäh in der Geistesgeschichte wie auch im Alltagsbewusstsein halten können.
11. Schließlich bieten die Neurowissenschaften der Philosophie eine unverzichtbare Hilfe, um aus einer Nomenklatur herauszuführen, die einerseits veraltet ist und andererseits vorwiegend dem Selbsterhalt gewonnener institutioneller Positionen dient. Neurobiologie bietet brauchbare und verständliche Termini in erkenntnistheoretischen und ethischen Fragestellungen an.

Fazit: Wer nicht selbst schon aus institutionellen Gründen überzeugt ist, dass Neurobiologie nichts beizutragen hat zur Beantwortung philosophischer Fragen, die im Binnenraum der Philosophie derzeit nicht beantwortet werden, den werden die Argumente der Philosophie des Geistes nicht überzeugen können.

Literatur

Adorno, T. W. (1974): Drei Studien zu Hegel, Frankfurt a. M.
Damasio, A. (2003): Der Spinoza-Effekt. Wie Gefühle unser Leben bestimmen. München.
Edelman, G. M. (1993): Unser Gehirn – ein dynamisches System. München.
Geyer, C. (Hg.) (2004): Hirnforschung und Willensfreiheit. Zur Deutung der neuesten Experimente. Frankfurt a. M.
Habermas, J. (2004a): Um uns als Selbsttäuscher zu entlarven, bedarf es mehr. Frankfurter Allgemeine Zeitung vom 15. 11. 2004, S. 35.
Habermas, J. (2004b): Freiheit und Determinismus. Deutsche Zeitschrift für Philosophie 6: 871–890.
Höffe, O. (2003): Kants Kritik der reinen Vernunft. Die Grundlegung der modernen Philosophie. München.

Horkheimer, M. (1988): Gesammelte Schriften. Band 3. Frankfurt a. M.

Horkheimer, M. (1990): Gesammelte Schriften. Band 10. Frankfurt a. M.

Kant, I. (B 1787): Kritik der reinen Vernunft.

Kettner, M. (2004): Fortschritt mit Scheuklappen. Interview mit M. Hanke. Gehirn und Geist 7: 40.

Kleist, H. von (2001): Sämtliche Werke und Briefe. Hg. v. H. Sembdner. 2 Bde. in 1 Band. München.

Lenk, H. (2001): Kleine Philosophie des Gehirns. Darmstadt.

Libet, B. (2004): Mind Time. Wie das Gehirn Bewusstsein produziert Frankfurt a. M.

Marx, K. (1968): Das Kapital. In: MEW, Band 23. Berlin/DDR.

Mayer, H. (2004): Ach, das Gehirn. Über einige neurowissenschaftliche Publikationen. In: Christian G. (Hg.): Hirnforschung und Willensfreiheit. Zur Deutung der neuesten Experimente. Frankfurt a. M.

Oeser, E.; Franz Seitelberger (1988): (Hg.) Gehirn, Bewußtsein und Erkenntnis. In: Dimensionen der modernen Biologie. Band 2. Darmstadt.

Roth, G. (2003): Fühlen, Denken, Handeln Wie das Gehirn unser Verhalten steuert. Frankfurt a. M.

Schmidt, A. (2004): Physiologie und Transzendentalphilosophie. In: Tugend und Weltlauf. Vorträge und Aufsätze über die Philosophie Schopenhauers (1960–2003). Frankfurt a. M.

Schockenhoff, E. (2004): In: Der Spiegel 52, S. 119f.

Singer, W. (2004): Selbsterfahrung und neurobiologische Fremdbeschreibung. Zwei konfliktträchtige Erkenntnisquellen. Deutsche Zeitschrift für Philosophie 2: 235–255.

Vogel, M. (2004): Gehirne im Kontext. Anmerkungen zur philosophierenden Hirnforschung. Deutsche Zeitschrift für Philosophie 6: 985–1005.

Zeller, E. (1873): Geschichte der deutschen Philosophie seit Leibniz. München.

Yvonne Thorhauer

Ethische Implikationen der Hirnforschung

Kants »Grundlegung zur Metaphysik der Sitten« gilt als Meilenstein in der Moralphilosophie. So überzeugend waren seine Gedanken, dass bis heute Vernunft- und Pflichtenethik häufig unbestritten sind. Indessen zeichnet sich, von anderer Seite kommend, ein neuer Umbruch in der Moralphilosophie ab. Es ist die zeitgenössische Hirnforschung, welche ein moralisches Gesetz, dessen Grund der Verbindlichkeit a priori in Begriffen der reinen Vernunft liegt, als hinfällig entlarvt.

Nach Kant sind Handlungen nur dann moralisch *gut*, wenn sie *aus Pflicht* geschehen. Das heißt, »der moralische Wert der Handlung« liegt weder »in der Wirkung, die daraus erwartet wird«, noch darin, dass sie aus Neigung geschieht. Allein die Achtung vor dem praktischen Gesetz, »mithin die Maxime, einem solchen Gesetze selbst mit Abbruch aller meiner Neigungen Folge zu leisten« (Kant 1785/1998, S. 39), ist hierfür maßgeblich. Dabei artikuliert sich der Gültigkeitsanspruch des moralischen Gesetzes in der Vernunft – jenseits von Raum und Zeit.

Mit Roth wendet sich nun die neuere Hirnforschung ausdrücklich gegen das dualistische abendländische Denken, bei welchem »Geist gegen Körper, Verstand gegen Gefühle, Willensfreiheit gegen Trieb« (Roth 1996, S. 178) stehen. Während Kant annimmt, »daß alle sittlichen Begriffe völlig a priori in der Vernunft ihren Sitz und Ursprung haben« (Kant, S. 54), ist es neurologisch gesehen nicht statthaft, von einem Reich der Freiheit und einem davon getrennten Reich der Natur auszugehen. Roth stellt fest, »daß Großhirnrinde« und limbisches System »eine unauflösliche Einheit bilden« beziehungsweise »daß Kognition nicht möglich ist ohne Emotion, dem erlebnismäßigen Ausdruck des Prozesses der *Selbstbewertung* des Gehirns« (Roth 1996, S. 178). Es gibt zwar »ein rationales Abwägen von Handlungen und Alternativen und ihren jeweiligen Konsequenzen«, »aber kein rein rationales Handeln« (Roth 2003, S. 162). Also ist die kantische Handlung aus Achtung vor dem Sittengesetz der reinen praktischen Vernunft neurowissenschaftlich nicht möglich. Eine Ethik, die sich auf neigungs- sowie interessenfreie Rationalität und logische Konsistenz gründet, ist in dieser Hinsicht unzeitgemäß.

Aber auch die neuere Ansicht, dass moralische Urteile den Gefühlen vorausgingen, scheint die Neurowissenschaft widerlegt zu haben. Düwell etwa gesteht zwar zu, dass »die Entwicklung sozialer Gefühle ... unabdingbar für moralisches Handeln« sei. »Aber die intersubjektive Verständigung über normative Verbindlichkeiten kann nur als argumentativer Ausweis gültiger moralischer Prinzipien erfolgen. Ansonsten wäre in strittigen moralischen Fragen nicht klar, welche Gefühle überhaupt als moralisch oder sozial angemessen zu betrachten sind« (Düwell 1999, S. 209).

Auch Tugendhat behauptet, die »*moralischen* Gefühle« seien dadurch definiert, »daß sie Unlustgefühle sind, die sich auf das Urteil über einen *moralischen* Unwert aufbauen« (Tugendhat 1997, S. 20).

Dies widerspricht Roths Ansicht, nach welcher das »limbische System ... gegenüber dem rationalen kortikalen System das erste und letzte Wort« hat. »Das erste beim Entstehen unserer Wünsche und Zielvorstellungen, das letzte bei der Entscheidung darüber, ob das, was sich Vernunft und Verstand ausgedacht haben, jetzt und so und nicht anders getan werden soll. Der Grund hierfür ist, dass alles, was Vernunft und Verstand als Ratschläge erteilen, für den, der die eigentliche Handlungsentscheidung trifft, emotional akzeptabel sein muss« (Roth 2003, S. 162).

Damit tritt die Frage nach einer widerspruchsfreien Definition des Guten aus Begriffen der Vernunft hinter das Problem zurück, wie rationale Überlegungen das limbische System aktivieren können, damit einer gefassten Einsicht eine entsprechende Handlung folgen kann. Denn nicht kognitive Abwägungen sind letztlich entscheidend für eine Verhaltensänderung, sondern »das Aufrechterhalten eines möglichst stabilen und in sich widerspruchsfreien emotionalen Zustandes in der handelnden Person« (Roth, S. 164).

Dabei ist jedoch noch nicht der von v. Kutschera formulierte

Anspruch an moralisches Handeln »im Gegensatz zum Handeln aus eigener Neigung« aufgegeben, der darin besteht »zu tun, was richtig ist, selbst dann, wenn es den eigenen Wünschen widerstreitet« (von Kutschera 1982, S. 105f.). Denn das moralische Urteil entsteht im Wechselspiel von Emotion und Kognition und lässt durchaus die Möglichkeit offen, der rücksichtslosen Triebnatur des Menschen einen Widerstand entgegenzusetzen. Obgleich den Gefühlen ein größeres Gewicht beizumessen ist, als es weite Teile der Moralphilosophie zugestehen, geht es hier nicht darum, einem *emotivistischen* und *nonkognitivistischen* Standpunkt das Wort zu reden, für den normative Aussagen »keinen kognitiven Gehalt« (von Kutschera, S. VII) haben. Problematisch an einer *kognitivistischen* und *nichtnaturalistischen* Ethik, wie sie von Kutschera vertritt, ist jedoch, dass sie von einer intuitionistischen Sphäre aus verbindliche Geltung für die Lebenswirklichkeit erlangen will. Dass die Empirie keine wesentliche Rolle bei der Ausbildung des ethischen Bewusstseins darstellt, zeigt sich bei ihm daran, dass er *empirische Ethik* nicht anders als *deskriptive Ethik* versteht. Dabei lehrt die persönliche Erfahrung, aber auch die Hirnforschung, dass sich die ethische Haltung maßgeblich in Auseinandersetzung mit Natur beziehungsweise Lebenswirklichkeit entwickelt. Es ist nicht möglich, moralisches Handeln von »subjektiven Wünschen, Interessen oder Neigungen« zu trennen und allein »an objektiven Kriterien: an dem, was die Sache von mir erfordert, an Ansprüchen oder Bedürfnissen anderer, an dem, was rechtens oder richtig ist« (S. 106) festzumachen.

Auch Damasio zeigt, »dass die Unversehrtheit von Emotionen und Gefühlen für das normale Sozialverhalten notwendig ist«, das heißt ein Verhalten, »das den moralischen Regeln und Gesetzen einer Gesellschaft entspricht und sich als gerecht beschreiben lässt« (Damasio 2003, S. 183).

Dabei ist der präfrontale Kortex dasjenige Hirnareal, das die Empfänglichkeit des Menschen für Ethik bestimmt. Kommt es hier zu Schädigungen, ist ein abnormes und unverträgliches Sozialverhalten die Folge. Insbesondere bei präfrontalen Schädigungen in jungen Jahren können »sich angeborene Emotionen und Gefühle nicht normal entwickeln« (Damasio, S. 182), eignet sich die Person

»kein Repertoire von emotionalen Reaktionen an« und ist in der »Fähigkeit beeinträchtigt, individuelles Wissen über die soziale Welt zusammenzutragen« (S. 183). Insofern hier ein Ort ethischen Verhaltens im Gehirn lokalisiert wurde, das äußeren Einflüssen unterliegt, gerät auch der Gedanke der Möglichkeit einer absoluten gleichwie objektiven Moral ins Wanken, von welchem die Moralphilosophie mindestens seit Kant und Hegel durchdrungen ist. Es ist Nietzsches Gedanke einer *Genealogie der Moral*, der wieder an Aktualität gewinnt, wenn Neurologen darauf hinweisen, dass »die Ausbildung kognitiver Leistungen« nachhaltig durch »Umwelteinflüsse« (Singer 2002, S. 51) geprägt ist. Von der frühen Entwicklung bis zur Pubertät können »selbstgemachte Erfahrung« und »alle Interaktionen, die von Bezugspersonen initiiert werden« zu »strukturellen Veränderungen« des Gehirns »führen, die so massiv sind, daß man sie im Mikroskop sehen kann« (Singer, S. 92). Und auch in späteren Lebensphasen kann es zu, wenn auch strukturell geringeren, »lernbedingten Veränderungen« (S. 95) kommen. Es ist hier sehr schwer, den Gedanken von einem absoluten Reich der Moral aufrechtzuerhalten mit dem Verweis auf eine Kategorie, die dem Reich der Natur enthoben sein soll und dennoch für dieses Geltung beansprucht.

Vor unerklärbare Phänomene stellen Greene und seine Mitarbeiter von der Princeton University (Greene et al. 2001) rationalistische Moralphilosophien. Die von Linke als *Loren- und Fußgängerbrücken-Dilemma* bezeichnete Studie zeigt, dass Vernunft allein »noch nicht auf der sicheren Seite der Ethik« (Linke 2003, S. 38) steht.

Es geht um einen konstruierten Fall, bei dem »eine Zuglore, ein kleiner Transportwagen mit fünf Personen, auf der Fahrt unmittelbar vor einem Unglück steht, bei dem diese fünf Personen zu Tode kommen würden. Ein Beobachter kann eine Weiche betätigen und auf diese Weise die Lore umleiten, was aber dazu führen würde, dass eine unbeteiligte Person von dieser Lore erfasst und getötet würde. Die meisten Menschen entscheiden sich dafür, dass man die fünf Menschen rettet und dafür den Tod des einen Unbeteiligten in Kauf nimmt. Darüber kann man sich streiten, aber empirisch ist es so, dass die meisten Menschen viele Menschenleben retten möchten. Man kann nun eine ähnliche Situation konstruieren, in welcher jemand von einer Fußgängerbrücke aus beobachtet, wie diese Lore auf ihr Unglück zurast. Er hätte auch Zeit, jemanden, der übers Brückengeländer schaut, schnell hinunterzustoßen und damit die Insassen vor ihrem Unglück zu bewahren. Die meisten Menschen entscheiden sich dagegen, obwohl das Zahlenverhältnis von Getöteten und Geretteten das Gleiche wie im ersten Lorenbeispiel ist. In beiden Fällen können fünf Menschen gerettet werden, indem einer geopfert wird. Warum entscheiden sich im ersten Fall die Menschen dafür, diese Verrechnung zu vollziehen, und im anderen Fall nicht?« (S. 38f.).

Greenes neurologische Untersuchungen zeigen, dass die Versuchspersonen bei ihren Überlegungen im ersten Fall deutlich weniger Hirnaktivität aufwiesen als im zweiten Fall, bei welchem sie selbst aktiv und unmittelbar einen anderen Menschen hätten töten müssen.

Indem das Experiment eine hohe Korrelation von ethischem Verhalten und Aktivierung des limbischen Systems aufweist, überführt es rein rational argumentierende Moralphilosophen in eine Aporie. Diese nämlich müssten in beiden Fällen zum gleichen Ergebnis gelangen: Entweder sie verfahren strikt nach mathematischem Kalkül und plädieren in beiden Fällen dafür, die fünf Menschen zu retten, oder sie vertreten die Ansicht, dass sich Menschenleben nicht gegeneinander aufrechnen lassen, und lehnen die Opferung des einen in beiden Fällen ab. Ungeachtet dessen begrüßt Linke, dass man »nicht völlig rational rechnerisch über den Menschen entscheiden« kann.

»Es hängt vieles von den Handlungszusammenhängen ab, und vieles spricht dafür, dass dies moralisch auch gut ist. Oder ist es nicht ein Vorteil, dass wir eine Tötungshemmung aufweisen, bei der wir instinktiv daran gehindert sind, jemanden die Fußgängerbrücke hinunterzustürzen, wenn wir diesen Menschen gegen andere Menschen verrechnen wollen? Und ist es nicht eine Schwäche, dass wir uns die Gräueltat, einen Menschen zu töten, nicht so leicht vergegenwärtigen können, wenn unsere Handlung abstrakt nur an einem Schalthebel der Weichenstellung stattfindet? Aus diesem Experiment kann man auf jeden Fall ablesen, dass Vernunft und

Emotionalität nicht ohne weiteres gegeneinander ausgespielt werden können, wenn es um ethische Entscheidungen geht« (Linke 2003, S. 39).

Auch wenn Denker wie etwa Hare konstruierte Fälle wie obigen aufgrund ihrer »Irrealität« (Hare 1992, S. 202) ablehnen, ändert die Unwahrscheinlichkeit des Beispiels nichts an den hieraus gewonnenen Einsichten. Diese stellen letztlich auch den Utilitaristen vor ein Erklärungsproblem.

Im Zuge dieser neurowissenschaftlichen Erkenntnisse erlangen diejenigen Moralphilosophen wieder an Bedeutung, welche die Maßgeblichkeit von Gefühlen und Charaktereigenschaften im Hinblick auf die ethische Haltung und die Unzulänglichkeit rationalistischer Pflichten oder Kalküle bereits vor der neurologischen Forschung gelehrt haben. In diesem Zusammenhang fällt der Blick auf die Tugendethik, welche rein normativen moralphilosophischen Begriffen sowie der Möglichkeit einer absoluten Begründung des *guten Lebens* skeptisch gegenübersteht. Obgleich nicht durch die Hirnforschung motiviert, erleben Tugendethiken laut Luckner tatsächlich »gegenwärtig vor allem im angelsächsischen Sprachraum eine Renaissance. Mittlerweile gelten sie vielerorts als ernst zu nehmende Alternativen zu den Hauptströmungen moderner Moralphilosophie, wie sie durch Titel wie Deontologie und Konsequentialismus und mit Namen wie etwa Kant und Rawls einerseits, Sidgwick und Hare andererseits verbunden sind« (Luckner 2002, S. 779).

Im Gegensatz zur kantischen Moralphilosophie und zum Utilitarismus würde obiges Dilemma den Tugendethiker nicht vor eine Aporie stellen. Denn für diesen entspringt Ethik keiner abstrakten Reflexion oder logischem Kalkül, sondern ist eingebunden in die Lebenswirklichkeit. Er fragt nicht nach universellen Prinzipien, etwa ob es generell legitim sei, das Leben eines Menschen für das Leben zahlreicher anderer zu opfern. Während für Moralphilosophen wie etwa Gert die Handlung im Zentrum moralphilosophischer Betrachtungen steht,[1] geht es dem Tugendethiker um Cha-

---

1 »Being morally good is not primarily a matter of feelings. It is a matter of action ... We do not praise a man morally because he is compas-

rakterzüge, die je nach Situation in Erscheinung treten. Für McDowell verfügt der Tugendhafte über ein gewisses Gespür für die jeweils moralisch richtige Verhaltensweise, das sich im Lauf der Zeit herausgebildet hat:

»A kind person can be relied on to behave kindly when that is what the situation requires. Moreover, his reliably kind behaviour is not the outcome of a blind, non-rational habit or instinct ... Rather, that the situation requires a certain sort of behaviour is ... his reason for behaving in that way, on each of the relevant occasions. So it must be something of which, on each of the relevant occasions, he is aware. A kind person has a reliable sensitivity to a certain sort of requirement which situations impose on behaviour. The deliverances of a reliable sensitivity are cases of knowledge; and there are idioms according to which the sensitivity itself can appropriately be described as knowledge: a kind person knows what it is like to be confronted with a requirement of kindness. The sensitivity is ... a sort of perceptual capacity« (McDowell 1997, S. 142).

Insofern die ethische Haltung und das Gespür für ethiksensitive Situationen an Bedeutung erlangen, tritt die Frage nach Pflichten und Regelentsprechung in den Hintergrund. Anscombe stellt sich ausdrücklich gegen eine Gesetzeskonzeption der Moralphilosophie. Diese nämlich sei nur ein Überbleibsel aus der »jahrhundertelangen Vorherrschaft des Christentums«, während der »sich die Begriffe der Pflicht, des Erlaubten, der Vergebung tief in unsere Sprache und in unser Denken eingebettet« haben. »Dominiert eine solche Konzeption«, die einen göttlichen Gesetzgeber postuliert, »für viele Jahrhunderte und wird dann aufgegeben, so ist es eine natürliche Folge, daß die Begriffe der Verpflichtung, des durch ein Gesetz Gebunden- oder Verpflichtetseins zurückbleiben, obwohl sie ihre Wurzeln verloren haben« (Anscombe 1974, S. 223f.). Anscombe lehnt schließlich den Begriff »moralisch falsch« vollkommen ab und zieht es vor, spezifischere Ausdrücke, wie »unwahrhaftig«, »unkeusch« oder »ungerecht« (S. 227) zu verwenden.

---

sionate, but because his compassion leads him to follow moral ideals« (Gert 1988, S. 173).

Interessant im Hinblick auf die Hirnforschung ist hierbei, dass mit dem Fallenlassen der Begriffe der »*moralischen* Pflicht und der *moralischen* Verpflichtung«, »des *moralisch* Richtigen beziehungsweise Falschen« und des »›sollte‹« im »*moralischen* Sinn« (Anscombe 1974, S. 217) auch der Begriff der *moralischen* Schuld überholt ist. Denn eben diese ist es, gegen die sich die Hirnforschung von anderer Seite kommend – unter Verweis auf die Schwierigkeit eines starken Begriffs von Willensfreiheit – richtet.

»Das bewusste, denkende und wollende Ich ist« für Roth »nicht im *moralischen* Sinne verantwortlich für dasjenige, was das Gehirn tut, auch wenn dieses Gehirn ›perfiderweise‹ dem Ich die entsprechende Illusion verleiht … Das Ich ist unerlässlich für komplexe Handlungsplanung, es wägt ab, erteilt Ratschläge, aber es entscheidet nichts … Das Gefühl der persönlichen Schuld, das wir häufig empfinden, wenn wir etwas Unrechtes getan haben, resultiert aus der irrtümlichen Annahme, wir als bewusstes Ich hätten das Unrecht verursacht« (Roth 2003, S. 180).

In diesem Zusammenhang sieht Roth das deutsche Strafrecht für revisionsbedürftig an, da dessen strafrechtlicher Schuldbegriff moralisch belastet ist und von einem starken Begriff von Willensfreiheit ausgeht (Roth 2004, S. 18ff.; s. a. den Beitrag von Roth in diesem Band). »Eine Gesellschaft darf« aber »niemanden bestrafen, nur weil er in irgendeinem moralischen Sinne schuldig geworden ist – dies hätte nur dann Sinn, wenn dieses denkende Subjekt die Möglichkeit gehabt hätte, auch anders zu handeln.« Dabei geht es Roth nicht darum, generell von Strafen abzusehen, sondern darum, dass das »Strafvollzugssystem mehr als bisher ein *Besserungssystem* sein muss« (Roth 2003, S. 181). Abgesehen von der Debatte um Willensfreiheit und Determinismus, käme dieser Vorschlag einem tugendethischen Ansatz entgegen. Denn hier steht der Charakter und dessen Bildung im Vordergrund. Keine Autorität ordnet tugendhaftes Verhalten an, sondern die Tugend entfaltet sich, indem sie praktiziert wird. Bei Aristoteles »entstehen die sittlichen Vorzüge in uns weder mit Naturzwang noch gegen die Natur, sondern es ist unsere Natur, fähig zu sein, sie aufzunehmen, und dem vollkommenen Zustande nähern wir uns dann durch Gewöhnung« (Aristoteles 1999, S. 34).

Ein Strafvollzugssystem im Sinne eines *Besserungssystems* könnte einer solchen »Gewöhnung« nachkommen. Strafe, aber auch deren bloße Androhung, Belohnung sowie »Lob und Tadel« können für Roth »das Verhalten der Individuen ändern, indem sie deren emotionales Erfahrungsgedächtnis« (Roth 2003, S. 181; s. a. den Beitrag von Roth in diesem Band) beeinflussen.

Dieses emotionale Erfahrungsgedächtnis spielt auch bei Tugendethikern eine maßgebliche Rolle.

»Der Mensch, der sich einem anderen Leben mit Mitgefühl nähert und sich vorstellt, was es bedeutet, ein solches Leben zu führen, wird«, nach Nussbaum, »durch diese Tätigkeit seiner Phantasie in die Lage versetzt, weiter und tiefer zu schauen als ein Mensch, für den dieses Leben nur einer Zahl in einer mathematischen Funktion entspricht« (Nussbaum 1999, S. 157).

Wie sich hier die Sensibilität für das Gegenüber aus der *Tätigkeit der Phantasie* ergibt, bilden sich analog in der Neurowissenschaft die Qualitäten des Gehirns durch dessen Tätigkeit aus. Dabei sind, für Neurologen wie für Tugendethiker, Gefühle konstitutiv für das ethische Bewusstsein: Ein »Intellekt ohne Emotionen ist sozusagen wertblind; ihm fehlt der Sinn für die Bedeutung und den Wert von Menschen, der in den den Gefühlen innewohnenden Urteilen enthalten ist« (Nussbaum 1999, S. 157).

»Die Welt, aus der die Gefühle verbannt werden, ist eine verarmte Welt, in der es keine obersten Ziele, sondern nur noch Ich-Zustände gibt. Dies ist nicht nur eine sehr fragwürdige Norm für eine Konzeption des guten Denkens, sondern auch ein leeres Universum, das die Interessen eines Menschen nicht lange an sich binden und seine Sinnsuche nicht zu befriedigen vermag« (Nussbaum, S. 156).

Die Hirnforschung selbst, namentlich Damasio, verweist im Zusammenhang mit ihren Forschungsergebnissen auf Spinoza. Dieser schreibt in seiner »Ethik« der Gesamtheit menschlicher Affekte – das heißt hier: »Triebe, Motivationen, Emotionen und Gefühle« (Damasio 2003, S. 17) – eine zentrale Bedeutung zu. Im Zustand der Seligkeit, welche das vollkommene Leben ausmacht, sind zwar die Affekte gehemmt, jedoch gesteht Spinoza zu, dass dieses Erhabene »ebenso schwer wie selten« (Spinoza o. J., S. 231) ist. Im Bewusstsein über *menschliche Knechtschaft* in Bezug auf die *Kräfte der Affekte*, kritisiert er die Stoiker. Diese nämlich glauben, der Mensch könne seine Affekte »unbedingt beherrschen« (Spinoza, S. 207). Ebenso kritisiert er Descartes' Ansicht, »daß keine Seele so ohnmächtig sei, um nicht bei richtiger Leitung die unbedingte Herrschaft über ihre Leidenschaften erwerben zu können« (S. 208). Spinozas Theorie der Affekte und Gegenaffekte besagt, dass ein Affekt »nur gehemmt oder aufgehoben werden« kann »durch einen Affekt, der entgegengesetzt und stärker ist als der zu hemmende« (Spinoza, S. 160). Damasio schätzt hieran die moderne Verknüpfung von Vernunft und Affekt: »Die Vernunft weist uns den Weg, während das Gefühl uns in unserer Entschlossenheit bestärkt, klar zu sehen.« Damasio »gefällt an Spinozas Lösung, dass sie die positiven Effekte der Freude unterstreicht, während sie Traurigkeit und Furcht ablehnt, und dass sie so entschlossen darangeht, nach der einen zu streben und die beiden anderen zu überwinden.« All dies geschieht nicht vor dem Hintergrund eines absoluten Dualismus von Natur und Vernunft, sondern im Einklang mit der Natur, gegen welche die Vernunft nichts fordern kann. Bedenken hegt Damasio darüber, »dass Spinozas Lösung anscheinend am besten in isolierter Selbstbezogenheit und ohne Nähe zu anderen funktioniert« (Damasio 2003, S. 319). Das mag darin begründet liegen, dass Spinoza den heute eigentümlichen Versuch unternommen hat, Ethik nach Art der Geometrie zu erklären. Die mathematische Erkenntnismethode auf soziale Phänomene anzuwenden, erscheint selbst in der heutigen Zeit, in der die Naturwissenschaft einen wesentlichen Teil des Lebens einnimmt, befremdlich. Eine andere Frage ist die, ob der spinozistische Gedanke einer vernünftigen Naturordnung angesichts der welthistorischen Gegebenheiten noch zeitgemäß ist.

Ein Denker, der genau diesen Kritikpunkten zu entgehen vermag, ist Schopenhauer. Wenngleich Schopenhauer Spinozas Gedanken teilt, dass das Ganze in seinen kleinsten Teilen wiederkehrt, wäre dessen Pantheismus für Schopenhauer ruchloser Optimismus. Denn gerade die Verbindung von Sein und Gutsein ist es, die Schopenhauers *metaphysischer Pessimismus* vermisst. Das ethische Prinzip kommt in der Einsicht zur Geltung, dass das Prinzip der

Individuation nur ein Trugbild darstellt: Man fügt sich selbst Leiden zu, wenn man anderen Leiden zufügt, da jedes Lebewesen Mitglied in der Gemeinschaft des Mangels ist. Mit dem Verweis auf die essenzielle Gemeinschaft aller Lebewesen im Leid, das sich im Mit-dem-anderen-Leiden konkretisiert, ist Schopenhauer fern von der isolierten Selbstbezogenheit, die Damasio an Spinoza kritisiert.

Mehr noch als für Spinoza, für den letztlich die Vernunft maßgeblich ist, ist für Schopenhauer die Aktivierung des limbischen Systems von Bedeutung für den Umschlag von Egoismus zu Altruismus. Das limbische System findet sich gekleidet in Begriffe wie *Menschenliebe* oder *Mitleid*, wobei Letzteres die *Welt der Vorstellung* noch transzendiert und somit nicht bei einer bloß zufälligen Sentimentalität stehen bleibt. Damit steht Schopenhauer quer zu einem großen Teil der modernen Moralphilosophie, der Gefühle mit dem Hinweis ablehnt, sie seien »willkürlich« und damit »keine Antwort auf die praktische Frage« (Leist 2000, S. 146). Gleichzeitig entspricht er der Neurologie, die Gefühle versteht als wertvolle »*Ratgeber*, und zwar entweder als spontane Affekte, indem sie uns in Hinblick auf Dinge zu- oder abraten, die ›angeborenermaßen‹ positiv oder negativ sind, oder aufgrund der *Erfahrungen* der positiven oder negativen Folgen unseres Handelns. Im Prinzip ist dies die vernünftigste Art, Verhalten zu steuern« (Roth 2003, S. 160).

Damit gelangt auch die Hirnforschung zu einer neuen Konnotation von *vernünftig*. Schreibt Schopenhauer der Vernunft nur eine untergeordnete Rolle zur Triebnatur zu, nimmt er die neurowissenschaftliche Erkenntnis vom »Thronsturz des Großhirns« (Häusel 2003, S. 35) vorweg. Wenn »es überhaupt höchste Hirnzentren gibt«, so Roth, »dann sind es die Konvergenzzonen zwischen Neokortex und limbischem System.« Gefühle stellen »konzentrierte Erfahrungen« dar, ohne die »vernünftiges Handeln unmöglich« ist. »Wer nicht fühlt, kann auch nicht vernünftig entscheiden und handeln« (Roth 1996, S. 212). Auch für Damasio kann *Rationalität* über »explizites logisches Denken« hinausgehen und mit einer »Assoziation mit Handlungen oder Ergebnissen, die dem Organismus zuträglich sind« (Damasio 2003, S. 177), verbunden sein. Den Gefühlen kommt zugleich eine »Rolle als Richter über Gut und Böse zu«, wobei es gilt herauszufinden, »unter welchen Umständen Gefühle diese Richterrolle überhaupt wahrnehmen können und die vernunftgeleitete Verknüpfung von Situationen und Gefühlen als Richtschnur für das menschliche Verhalten nutzen« (Damasio, S. 211).

Damit scheint die gegenwärtige Neurowissenschaft unbesehen in den Hafen der Philosophie Schillers und Marcuses eingelaufen zu sein, welche die »ästhetische Idee einer ›sinnlichen Vernunft‹« teilen (Marcuse 1979, S. 180). Statt Sinnlichkeit der Vernunft zu unterwerfen, solle der Mensch auf eine Kultur hinarbeiten, welche »die Sinnlichkeit vernünftig und die Vernunft sinnlich« (S. 161) gestaltet. Für Marcuse führt dies letztlich zu einer nichtrepressiven Ethik, die darauf beruht, dass es »im Trieb selbst eine innere Schranke, die seine treibende Kraft ›zurückhält‹« (S. 193), gibt.

Für Schopenhauer, aber auch für Kant, ist die Welt, wie sie sich uns darstellt, ein Hirnphänomen. Schopenhauer bezeichnet dieses als *Vorstellung*, Kant als *Erscheinung*. Auch für die Hirnforschung beruht »die Erfahrung, ein autonomes, subjektives ›Ich‹ zu sein, auf Konstrukten«. Diese »Selbstkonzepte« haben für Singer »den ontologischen Status einer sozialen Realität. In die Welt kamen diese wie die sie ermöglichenden Kulturen erst, nachdem die Evolution Gehirne hervorgebracht hatte, die zwei Eigenschaften aufwiesen: erstens, ein inneres Auge zu haben, also über die Möglichkeit zu verfügen, Protokoll zu führen über hirninterne Prozesse, diese in Metarepräsentationen zu fassen und deren Inhalt über Gestik, Mimik und Sprache anderen Gehirnen mitzuteilen; und, zweitens, die Fähigkeit, mentale Modelle von den Zuständen der je anderen Gehirne zu erstellen, eine ›theory of mind‹ aufzubauen« (Singer 2002, S. 73). Und auch für Roth stellt »die Empfindung, es gäbe einen Körper, in dem ich stecke und der deshalb *mein* Körper ist, ebenso ein Konstrukt meines Gehirns« dar, »wie die Welt um mich herum« (Roth 2003, S. 47).

Anders als die Hirnforschung jedoch, transzendiert bei Schopenhauer und Kant die Frage der Ethik die *Welt als Vorstellung* beziehungsweise *Erscheinung*. Diese metaphysischen Themen jedoch, so meint man, gehen über den Zuständigkeitsbereich der Naturwissenschaft hinaus. Dabei geht der Ablehnung von Metaphysik bereits selbst eine metaphysische Entscheidung voraus. Es ist nach

Nietzsche ein »*metaphysischer Glaube* ..., auf dem unser Glaube an die Wissenschaft ruht, – dass auch wir Erkennenden von heute, wir Gottlosen und Antimetaphysiker, auch *unser* Feuer noch von dem Brande nehmen, den ein Jahrtausende alter Glaube entzündet hat, jener Christen-Glaube, der auch der Glaube Plato's war, dass Gott die Wahrheit ist, dass die Wahrheit göttlich ist« (Nietzsche 1887/1999, S. 577).

Bereits der Glaube an eine absolute Wahrheit ist für Nietzsche nicht legitim. Dem entspricht Schopenhauers Einsicht, dass es nicht im Vermögen des Menschen liege, eine absolute Metaphysik zu entwerfen, weshalb seine Metaphysik eine *empirische* ist und damit stets offen bleibt.

Vorliegende Ausführungen wollten zeigen, dass es der Komplexität sowie der Bedeutung des Phänomens Ethik nicht angemessen wäre, wollte man die Erkenntnisse der Neurologie in ihrem Zusammenhang leugnen. Zu bequem wäre es, mit einem Rückzug in eine andere, der Natur enthobene Kategorie, berechtigten Zweifeln zu entfliehen. Schließlich soll sich die Idee vom guten Leben auch in diesem Leben reflektieren. Dabei können weniger streng gefasste Lehren, wie etwa die Schopenhauers, zeigen, dass Konzepte denkbar sind, die einen Erklärungsrahmen für neurologische Fakten einerseits bieten und andererseits Raum für die Einzigartigkeit des Phänomens der Ethik lassen.

Letztlich erweist es sich als eine Frage des Glaubens, ob sich, wie Hirnforscher glauben, »Geist und Bewusstsein ... in das Naturgeschehen« einfügen und es nicht »übersteigen'« (Elger et al. 2004, S. 33) oder ob man Schopenhauer folgen will:

»Allein, wie große Fortschritte auch die Physik«, in unserem Fall die Hirnforschung, »machen möge; so wird damit noch nicht der kleinste Schritt zur *Metaphysik* geschehen seyn ... Denn solche Fortschritte werden immer nur die Kenntniß der *Erscheinung* vervollständigen; während die Metaphysik über die Erscheinung selbst hinausstrebt, zum Erscheinenden. Und wenn sogar die gänzlich vollendete Erfahrung hinzukäme; so würde dadurch in der Hauptsache nichts gebessert seyn. Ja, wenn selbst Einer alle Planeten sämmtlicher Fixsterne durchwanderte; so hätte er damit noch keinen Schritt in der *Metaphysik* gethan. Vielmehr werden«, was auch die heutige Debatte über die Willensfreiheit beweist, »die größten Fortschritte der *Physik* das Bedürfniß einer *Metaphysik* immer fühlbarer machen« (Schopenhauer 1848/1999, S. 206).

Literatur

Anscombe, G. E. M. (1974): Moderne Moralphilosophie. In: Grewendorf, G.; Meggle G. (Hg.): Seminar. Sprache und Ethik. Frankfurt a. M.
Aristoteles (1999): Nikomachische Ethik. Stuttgart.
Damasio, A. (2003): Der Spinoza-Effekt. Wie Gefühle unser Leben bestimmen. München.
Düwell, M. (1999): Ästhetische Erfahrung und Moral. Zur Bedeutung des Ästhetischen für die Handlungsspielräume des Menschen. Freiburg u. München.
Elger, C. E.; Friederici, A. D.; Koch, C.; Luhmann, H.; Malsburg, C.; Menzel, R.; Monyer, H.; Rösler, F.; Roth, G.; Scheich, H.; Singer, W. (2004): Das Manifest. Elf führende Neurowissenschaftler über Gegenwart und Zukunft der Hirnforschung. Gehirn und Geist 6: 30–37.
Gert, B. (1988): Morality. A new Justification of the Moral Rules. New York u. Oxford.
Greene, J. B.; Sommerville, R. B.; Nystrom, L. E.; Darley, J. M.; Cohen, J. D. (2001): An fMRI investigation of emotional engagement in moral judgment. Science, 293 (5537): 2105–2108.
Hare, R. M. (1992): Moralisches Denken, seine Ebenen, seine Methode, sein Witz. Frankfurt a. M.
Häusel, H.-G. (2003): Think Limbic! Die Macht des Unbewussten verstehen und nutzen für Motivation, Marketing, Management. 3. Auflage. Freiburg u. a.
Kant, I. (1785): Grundlegung zur Metaphysik der Sitten. Stuttgart, 1998.
Kutschera, F. von (1982): Grundlagen der Ethik. Berlin u. New York.
Leist, A. (2000): Die gute Handlung. Eine Einführung in die Ethik. Berlin.
Linke, D. B. (2003): Religion aus Risiko. Geist, Glaube und Gehirn. Reinbek.
Luckner, A. (2002): Handlungen und Haltung. Zur Renaissance der Tugendethik. Deutsche Zeitschrift für Philosophie 50, 5: 779–796.
Marcuse, H. (1979): Triebstruktur und Gesellschaft. Schriften Bd. V. Frankfurt a. M.
McDowell, J. (1997): Virtue and Reason. In: Crisp, R.; Slote, M. (Hg.): Virtue Ethics. Oxford u. New York, S. 141–162.

Nietzsche, F. (1887): Die fröhliche Wissenschaft. KSA, Bd. III. Frankfurt a. M., 1999.
Nussbaum, M. C. (1999): Gerechtigkeit oder das gute Leben. Frankfurt a. M.
Roth, G. (1996): Das Gehirn und seine Wirklichkeit. Kognitive Neurobiologie und ihre philosophischen Konsequenzen. Frankfurt a. M.
Roth, G. (2003): Aus Sicht des Gehirns. Frankfurt a. M.
Roth, G. (2004): Das Problem der Willensfreiheit. Die empirischen Befunde. Information Philosophie 5: 14–21.
Schopenhauer, A. (1844): Die Welt als Wille und Vorstellung. Werke, Bd. II. Zürich, 1999.
Singer, W. (2002): Der Beobachter im Gehirn. Essays zur Hirnforschung. Frankfurt a. M.
Spinoza, B. (o. J.): Ethik. Essen.
Tugendhat, E. (1997): Vorlesungen über Ethik. 4. Auflage. Frankfurt a. M.

Gekränkte Freiheit

Interview mit Wolf Singer
Geführt von Klaus-Jürgen Grün[1]

Grün: Herr Professor Singer, wird das menschliche Selbstbewusstsein und die Menschenwürde durch Neurowissenschaften gekränkt?
Singer: Wenn man den Himmel leer fegt von lenkenden Göttern, dann nimmt natürlich das Gefühl der Geworfenheit stark zu, und das ist sicher ein großes Problem. Ich sehe bloß nicht, warum das zu einem Angriff auf die Menschenwürde umgemünzt werden muss. Im Gegenteil: Ich denke, dass nichts würdiger wäre, als diese Erkenntnis auszuhalten. Wenn das wirklich Gemeingut würde, müsste es eigentlich zu einer enormen Solidarisierung der Menschen untereinander führen. Es müsste jeden Einzelnen im hohen Maße erschüttern. Das Leben und das bisschen Glück, das wir haben, würde uns als das Kostbarste erscheinen, das wir besitzen, und wir würden es höher achten als bisher. Vielleicht entsteht eine ganz andere Vorstellung von Würde. Wir kämen durch die Aufgabe dieses unverbrüchlichen, aber auch mit sehr viel Selbstbewusstsein und gelegentlich auch Arroganz behafteten Freiheitsbegriffes vermutlich zu einer demütigeren, toleranteren Haltung – einer weniger rechthaberischen Attitüde, weil wir vieles relativieren müssten, auch unser eigenes apodiktisches Tun.

Grün: Höre ich zu Recht aus dieser Antwort eine existentialistische Geisteshaltung heraus?
Singer: Wir müssen uns als in die Welt geworfene Wesen betrachten, die wissen, dass sie immer wieder Illusionen erliegen und keine wirklich stimmigen Erklärungen über ihr Sein, über ihre Herkunft und noch viel weniger über ihre Zukunft abgeben können. So könnte ein kritisches, aber gleichzeitig von Demut und Beschei-

---

1 Zu den Antworten Singers vgl. die beiden Bücher: Ein neues Menschenbild? Gespräche über Hirnforschung, Frankfurt a. M., 2003, S. 93ff., 66, und: Der Beobachter im Gehirn. Essays zur Hirnforschung, Frankfurt a. M., 2002, S. 42, 59, 71, 40f., 168ff.

denheit geprägtes Lebensgefühl entstehen, das durchaus Grundlage einer sehr lebbaren Welt sein könnte.

Grün: Viele Menschen haben Angst vor den ungeheuren Möglichkeiten, die sich in manipulativer Hinsicht aus den Neurowissenschaften eröffnen. Könnte vermehrtes Wissen über Hirnfunktionen Manipulationsmöglichkeiten erschließen, die unsere Fähigkeiten zum verantwortungsvollen Umgang mit Wissen übersteigen?
Singer: Hier sind, und das gilt für alle Wissensbereiche gleichermaßen, unsere Erziehungssysteme gefordert. Sind sie in der Lage, uns die moralischen Kategorien und Handlungsmaximen an die Hand zu geben, die wir brauchen, um der Zunahme des Machbaren gewachsen zu sein? Es wird immer das Verhalten, und damit auch Verhaltensstörungen, einschließlich solcher, die von der Gesellschaft als kriminelle Verhaltensweisen klassifiziert werden, wesentlich durch die funktionelle Architektur des Gehirns bestimmt werden. In Gesprächen über Hirnforschung wird immer wieder die Befürchtung geäußert, sie banalisiere unser Menschenbild, zerstöre metaphysische Dimensionen und degradiere Tier und Mensch zu Maschinen unterschiedlicher Komplexität. Sie erzeuge eine Weltsicht, in der für Freiheit, Intentionalität, Moral und Religion kein Platz mehr sei. Innertheoretische Reduktionen führen aber lediglich zu neuen Beschreibungen, die als Brücken zwischen bereits bestehenden Beschreibungen aufgebaut werden. Sie heben jedoch nicht die in den jeweiligen Systemen dargestellten Inhalte auf. Somit bleibt es uns Menschen belassen, an den erfahrbaren Wirklichkeiten festzuhalten.

Grün: Wie entstehen zwischenmenschliche Konflikte aus Sicht der neueren Neurowissenschaftlichen Forschungsergebnisse?
Singer: Die ethnischen Konflikte, die derzeit ein Hauptproblem darstellen, beruhen nicht zuletzt auf der Unfähigkeit, sich in die kognitiven Schemata der jeweils anderen hineinzuversetzen: Das gleiche Ereignis wird von den Kontrahenten unterschiedlich wahrgenommen, und so fühlt sich jeder im Recht – ein eindrucksvolles und folgenreiches Beispiel für die kulturelle Prägung von kognitiven Funktionen. Wenn sich die Kontrahenten auch der nicht-

rationalen Sprachen bedienen könnten, um sich verständlich zu machen, würden sie vermutlich schnell erkennen, dass ihre Befindlichkeiten und Sehnsüchte die Gleichen sind.

Grün: Sie erinnern oft daran, dass die Großhirnrinde vorwiegend mit sich selbst beschäftigt ist. Repräsentationsprozesse im Hirn bauen Metarepräsentationen auf. So bilden hirninterne Prozesse statt der Welt draußen, die hirninternen Prozesse ab. Wie sinnvoll ist diese Arbeitsweise des Gehirns?
Singer: Solche Metarepräsentationen aufbauen zu können bringt Vorteile. Gehirne, die dies vermögen, können Reaktionen auf Reize zurückstellen und Handlungsentscheidungen abwägen, sie können interne Modelle aufbauen und den erwarteten Erfolg von Aktionen an diesen messen. Sie können mit den Inhalten der Metarepräsentationen spielen und prüfen, was die Konsequenzen bestimmter Reaktionen wären. Die Möglichkeit, Metarepräsentationen aufzubauen, befähigt zu umsichtigem Handeln und erlaubt damit, Gefahren präventiv aus dem Weg zu gehen.

Grün: Philosophen erklären vielfach die Unzuständigkeit der Neurowissenschaften in erkenntnistheoretischen Fragen. Sie erklären, dass moralische Kategorien, Wertesysteme und soziale Verantwortung allein aus kulturhistorischen und gesellschaftlichen Bezügen abgeleitet werden können. Ist dieser Standpunkt noch zeitgemäß?
Singer: Zunächst muss man sich klar machen, dass sowohl die Aussagen der Hirnforschung wie die skizzierten philosophischen Positionen nur innerhalb der jeweiligen Beschreibungssysteme Gültigkeit beanspruchen können. In den Geisteswissenschaften wie in den Naturwissenschaften erfolgt alles Erklären, alles Verstehen ausschließlich innerhalb abgegrenzter Bezugssysteme. Als wahr oder zutreffend wird akzeptiert, was innerhalb dieser Wissensgebiete widerspruchsfrei und mit den Phänomenen des jeweiligen Objektbereiches vereinbar ist. Bei allen Konstrukten und Theorien handelt es sich jedoch immer nur um Beschreibungen von Erfahrungen, die wir als forschende Subjekte machen, also um Produkte der geistesgeschichtlichen Entwicklung.

Akzeptiert man aber, dass unsere Weltbilder Hirnkonstrukte

sind, dann erscheint der Konflikt zwischen dem reduktionistischen Ansatz der modernen Hirnforschung und den geisteswissenschaftlichen Positionen lösbar. Die Untergliederung der Welt in die Ebenen der unbelebten Materie, der lebenden Organismen sowie der psychischen und geistigen Prozesse spiegelt dann nur die Koexistenz von Beschreibungssystemen für unterscheidbare Erfahrungen. Aus der Existenz von verschiedenen Beschreibungssystemen folgt jedoch noch nicht, dass sich die in ihnen angesprochenen Phänomene nicht aufeinander beziehen lassen. Es könnte sich zum Beispiel verhalten wie mit den verschiedenen Ansichten eines Gegenstandes. Reduktion oder Erklären würde dann nichts anderes bedeuten als das Herstellen von Bezügen zwischen Phänomenen, die von unterschiedlichen Positionen aus eine unterschiedliche Beschreibung erfahren haben. Dies jedoch ist ein Vorgang, der in den Naturwissenschaften unangefochten und mit großem Erfolg vollzogen wird.

Grün: Was können wir aus der Betrachtung der Arbeitsweise des Gehirns über das Zustandekommen von Entscheidungen lernen?
Singer: Entscheidungen entstehen im Gehirn als Resultat von Selbstorganisationsprozessen, wobei Kompetition zwischen unterschiedlich wahrscheinlichen Gruppierungsanordnungen die treibende Kraft und kohärente Systemzustände die Konvergenzpunkte der Entscheidungstrajektorien darstellen.

Aber in aller Regel konvergiert das System sehr schnell auf die wahrscheinlichste Lösung und trifft eindeutige Entscheidungen. Ganz anders sind die Entscheidungsstrukturen in unseren sozialen Systemen organisiert. Entscheidungssysteme in Politik und Wirtschaft orientieren sich weitestgehend am descartesschen Modell, ihre Organisationsform ist eine hierarchische. Auf der untersten Ebene, an der Peripherie, erfolgt die Datenerfassung und auf zunehmend höheren Ebenen die Datenverdichtung und Vorselektion. Auf der höchsten Ebene, an der Spitze der Verarbeitungshierarchie, wird schließlich die Entscheidung gefällt. Solche Entscheidungsstrukturen sind effizient, weil übersichtlich und zu schnellen Reaktionen fähig, solange die zu verwaltenden Systeme einfach sind und keine komplizierte Dynamik aufweisen. Probleme gibt es mit solchen hierarchischen Entscheidungsstrukturen, wenn die Systeme ein gewisses Maß an Komplexität übersteigen. Es werden dann entweder die Entscheidungsträger überfordert, weil sie zu viel Information verwerfen müssen, oder aber es wird im Vorfeld der Entscheidung zu viel Information unterdrückt und eliminiert, um die Entscheidungsträger zu entlasten. Beide Szenarien sind suboptimal. Hinzu kommt, dass Entscheidungsträger an der Spitze hierarchischer Entscheidungssysteme eigentlich mit Metaintelligenz ausgestattet sein müssten. Systeme, vor allem wenn sie aus interagierenden, selbstaktiven Komponenten bestehen, sind notwendig komplexer als ihre Komponenten. Wenn solche Systeme in Anlehnung an hierarchische Entscheidungs- und Befehlsstrukturen verwaltet werden sollen, dann müssen an der Spitze dieser Systemhierarchien Agenten tätig sein, die wesentlich komplexer beziehungsweise kompetenter als die Komponenten des Systems sind. Für Systeme, deren Komponenten Menschen sind, wie dies für wirtschaftliche und politische zutrifft, gilt dann, dass sie im Grunde von Übermenschen gelenkt werden müssten und nicht von Wesen, die kaum klüger sind als die Systemkomponenten. Man sollte also prüfen, ob es nicht vorteilhaft wäre, von der Natur zu lernen und die Entscheidungssysteme in Politik und Wirtschaft an neuronalen Entscheidungsarchitekturen zu orientieren. Die Erwartung ist, dass solcherart parallelisierte Entscheidungssysteme wesentlich schneller und effektiver arbeiten können als die hierarchischen und dass sie das in komplexen Systemen immer akuter werdende Problem der relativen Inkompetenz von Entscheidungsträgern mildern helfen.

Grün: Herr Professor Singer, ich danke Ihnen für dieses Gespräch.

Klaus-Jürgen Grün

Die Sinnlosigkeit eines kompatibilistischen Freiheitsbegriffs

Arthur Schopenhauers Entlarvung der Selbsttäuscher

Das Problem des bewussten »Wollens«

In seiner philosophischen Zusammenfassung »Selbsterfahrung und neurobiologische Fremdbeschreibung. Zwei konfliktträchtige Erkenntnisquellen« stellt Wolf Singer heraus:

»Nur die Aspekte, denen wir Aufmerksamkeit schenken, werden uns auch bewusst, und nur diese können wir im deklarativen Gedächtnis abspeichern, und nur über diese können wir später berichten. Natürlich hinterlassen auch die unbewussten Verarbeitungsprozesse Gedächtnisspuren und beeinflussen zukünftiges Handeln. Aber wir werden uns dieser Handlungsdeterminanten nicht bewusst und können sie deshalb nicht als Begründungen für unser Tun anführen. Diese Parallelität von bewussten und unbewussten Handlungsdeterminanten ist ein wichtiger Grund dafür, dass wir uns aus der Ersten-Person-Perspektive heraus als freie autonome Agenten erfahren können« (Singer 2004, S. 245).

Die zentrale Aussage der Psychoanalyse Sigmund Freuds, dass ein großer Teil unseres Verhaltens unbewusst gesteuert ist, habe durch Neurowissenschaften heute eine grandiose Bestätigung erfahren (Solms 2003, S. 60). Andere Hirnforscher unterstreichen diesen Sachverhalt. Dabei datiert das bewusste Erleben seine Entscheidungen, die bereits unbewusst gefallen sind, oftmals zurück, und erklärt sich selbst zum Autor des Handelns. Wolfgang Prinz bringt dies im Einklang mit neurobiologischen auf die knappe Formel: »Wir tun nicht, was wir wollen; wir wollen, was wir tun« (Prinz 1996, S. 86).

Allerdings kann diese Formulierung bei Philosophen falsch verstanden werden, weil das Verb »wollen« hier in zweierlei Bedeutung verwendet wird. Einmal gilt es als (vermeintlicher) *Grund* und das andere Mal als *nähere Bestimmung* des Handelns. Gleichwohl wird klar, was zum Ausdruck gebracht werden soll, nämlich dass das bewusste Erlebnis des Wollens nicht dem bewussten Zugriff unterliegt, dass es insofern auf einer Täuschung beruht. Ich möchte hier zur Diskussion stellen, ob es nicht sinnvoller ist, die Terminologie Schopenhauers zu verwenden, der die Motive des Wollens aus dem Bewusstsein heraus und in den Raum des Unbewussten verlagert hatte. Seine Formel – »Ich kann tun, was ich will« – kommt dem Erlebnis des Menschen näher. Zugleich aber stellt er das Wollen unter den Einfluss der Macht des Leibes, auf die wir bewusst keinen Einfluss haben. »Kann ich auch wollen, was ich will?« lautet seine leitende Frage, mit der er die Zuständigkeit des bewussten Erlebens bei dem Zustandekommen von Entscheidungen ganz im Sinn der heutigen Neurobiologie bestreitet.

Allerdings setzt Schopenhauer in jene tiefer gelegene Struktur des Unbewussten die mit unserer individuellen Person verbundenen Charaktereigenschaften, die so wenig beweglich sind, wie unsere leibliche Natur, aber gleichwohl ein Moment an Freiheit enthalten. Dadurch eröffnet sich ein Ausblick auf die Möglichkeit einer Ethik als Charakterbildung, die sich über die bewussten Selbstbilder und frommen wie guten Wünsche des Menschen keine Illusionen macht. Schopenhauer vermeidet dadurch die zirkuläre Formulierung, die etwa bei Prinz auftaucht und zu Missverständnissen geführt hat, wie meine Replik auf Matthias Vogel in meinem obigen Beitrag gezeigt hat.

Darstellung des Problems bei Schopenhauer

Eines der beiden Hauptprobleme der Ethik besteht darin, den Begriff der Freiheit plausibel zu fassen. Der Blickwinkel aus seiner Willensmetaphysik heraus hat ihm Einsicht in die Unhaltbarkeit der Vorstellung eines mit Determination verknüpften Freiheitsbegriffs gewährt. Eine Betrachtung seiner Preisschrift »Über die Freiheit des menschlichen Willens« gibt zu erkennen, dass sich die Argumente der Philosophie seither streckenweise rückwärts bewegt haben. Schopenhauers Blick war bereits auf die Auseinandersetzung zwischen unbedingter und bedingter Freiheit gerichtet; sein Ergebnis zeigt, dass die Versuche, Freiheit aus dem Selbstbewusstsein zu begründen, scheitern muss. Er weist damit jede Konstruktion einer kompatibilistischen Freiheitslehre mit starken Argumenten zurück.

Schopenhauers Schrift widmet sich der Preisfrage der Dänischen Akademie der Wissenschaften: »Läßt die Freiheit des menschlichen Willens sich aus dem Selbstbewußtsein beweisen?« Seine Antwort lautet: nein, und er zerstört mit seiner Beweisführung zugleich die Illusion von der Macht des Selbstbewusstseins.

Schopenhauer geht davon aus, und Isaiah Berlin wird ihm später folgen, dass der Begriff der Freiheit nur sinnvoll als ein negativer zu fassen ist (Isaiah Berlin hat – ohne sich dabei an Schopenhauer zu erinnern – in seiner berühmten Rede »Two Concepts of Liberty« [1989] erneut Partei ergriffen für einen Freiheitsbegriff, der uns nicht unter dem Deckmantel der Freiheit andere Interessen schmackhaft zu machen versucht.) Der negative Begriff von Freiheit gestaltet sich bei Schopenhauer durch den Gedanken: »Wir denken durch ihn nur die Abwesenheit alles Hindernden und Hemmenden: dieses hingegen muß, als Kraft äußernd, ein Positives seyn. Der möglichen Beschaffenheit dieses Hemmenden entsprechend hat der Begriff drei sehr verschiedene Unterarten: physische, intellektuelle und moralische Freiheit« (Schopenhauer 1839/1977, S. 43).

Seine Differenzierung führt ihn zu der Unterscheidung nach Ursachen und Gründen, die in der analytischen Philosophie des Geistes heute als eine besondere Erfindung gefeiert wird. Analytische Philosophen leiten aus dieser Unterscheidung den wesentlichen Unterschied zwischen philosophischer Freiheitslehre und neurobiologischer Demontage des Freiheitsbegriffs ab. Während allerdings die analytische Philosophie des Geistes beharrlich an der vermeintlichen Fruchtbarkeit der Unterscheidung fest hält, hatte Schopenhauer längst im Sinne der heutigen Neurobiologie die Unterscheidung zwischen Grund und Ursache ad absurdum geführt. Sein Argument beruht auf der von Kant als a priori ausgewiesenen Kausalität, die als alles beherrschende und unhinterschreitbare

Verstandesleistung gilt. Kausalität ist demnach die beherrschende Art und Weise, wie das Gehirn sich die Welt aneignet, nicht jedoch die reale Verfasstheit der Welt selbst. Dieser Sachverhalt wird nicht nur in den Naturwissenschaften, sondern vielfach auch in der Philosophie vernachlässigt.

In seiner Dissertation »Über die vierfache Wurzel des Satzes vom Zureichenden Grunde« hatte Schopenhauer dargelegt, dass alle unsere wissenschaftlichen und unwissenschaftlichen Vorstellungen verschiedenen Modi begründenden Denkens unterliegen. Zu Recht betont daher auch Wolfgang Prinz gegen alle halbherzigen Versuche, dem zu entkommen:

»Die Idee eines freien menschlichen Willens ist mit wissenschaftlichen Überlegungen prinzipiell nicht zu vereinbaren. Wissenschaft geht davon aus, daß alles, was geschieht, seine Ursachen hat und daß man diese Ursachen finden kann. Für mich ist unverständlich, daß jemand, der empirische Wissenschaft betreibt, glauben kann, daß freies, also nichtdeterminiertes Handeln denkbar ist.«

»Wir leben ja auch in anderen Bereichen mit Inkompatibilitäten, also müßten wir sie auch hier aushalten können. Die Inkompatibilität besteht hier im übrigen nicht nur zwischen Wissenschaft und Leben, sondern auch zwischen den Wissenschaften: Die Natur- und Geisteswissenschaften kommen nicht zusammen, da die meisten Überlegungen zu einer Philosophie des Geistes alltagspsychologische Intuitionen als Fundament nehmen. Gerade die wären aber aus der Sicht des Naturwissenschaftlers zu hinterfragen« (Prinz 2004, S. 22f.).

Auch Gerhard Roth hat die Problematik der Unterscheidung von Ursachen und Gründen immer wieder herausgestellt, vor allem wenn sie zur Vermengung von Determination und Freiheit herangezogen werden sollte.

»Unproblematisch ist eine solche Redeweise, wenn man Dualist ist. Für einen Dualisten gibt es ... zwei Arten von Verursachungen, nämlich eine stofflich-kausale und eine mentale. Handeln aus Gründen ist demnach identisch mit dem Handeln auf Grund mentaler Verursachung, nicht auf Grund neuronaler Prozesse, bei denen es sich um Ursachen handelt. Problematisch wird es hingegen,

Die Sinnlosigkeit eines kompatibilistischen Freiheitsbegiffs 93

wenn man – wie inzwischen viele Philosophen dies tun – gleichzeitig davon ausgeht, dass alles Mentale strikt an neuronale Prozesse gebunden ist. Man muss dann wohl der Auffassung sein, dass ›Gründe‹ als etwas explizit Nicht-Neuronales irgendwie aus dem neuronalen Geschehen ›emergieren‹ und damit die strikte vollständige neuronale Bedingtheit des Mentalen sprengen. Wie soll sonst der Unterschied zwischen Ursachen und Gründen entstehen? Damit ist man aber bei einem ›emergenten Dualismus‹ angelangt, wie ihn etwa Karl Popper annahm ... und der dieselben Schwierigkeiten hat wie der interaktive Dualismus« (Roth 2004, S. 232).

Schopenhauer erklärt das Zustandekommen der Illusion aus einer Ungenauigkeit des Alltagsbewusstseins. Dieses hat unbemerkt den Fokus vom Können auf das Wollen verlegt, als es Freiheit genauer zu bestimmen suchte. Was heute mit dem Terminus »Ursache« gegenüber »Gründen« abgesetzt werden soll, nannte Schopenhauer schlicht »physische Freiheit«.

»Die physische Freiheit bezieht sich«, lautet es bei Schopenhauer über den Sachverhalt *Ursache*, »nur auf materielle Hindernisse, bei deren Abwesenheit sie sogleich da ist. Nun aber bemerkte man, in manchen Fällen, daß ein Mensch, ohne durch materielle Hindernisse gehemmt zu seyn, durch bloße Motive, wie etwan Drohungen, Versprechungen, Gefahren u.dgl., abgehalten wurde zu handeln, wie es außerdem gewiß seinem Willen gemäß gewesen seyn würde. Man warf daher die Frage auf, ob ein solcher Mensch noch frei gewesen wäre? oder ob wirklich ein starkes Gegenmotiv die dem eigentlichen Willen gemäße Handlung ebenso hemmen und unmöglich machen könne, wie ein physisches Hinderniß? Die Antwort darauf konnte dem gesunden Verstande nicht schwer werden: daß nämlich niemals ein Motiv so wirken könne, wie ein physisches Hinderniß; indem dieses leicht die menschlichen Körperkräfte überhaupt unbedingt übersteige, hingegen ein Motiv nie an sich selbst unwiderstehlich seyn, nie eine unbedingte Gewalt haben, sondern immer noch möglicherweise durch ein stärkeres Gegenmotiv überwogen werden könne, wenn nur ein solches vorhanden und der im individuellen Fall gegebene Mensch durch dasselbe bestimmbar wäre; wie wir denn auch häufig sehen, daß sogar das gemeinhin stärkste aller Motive, die Erhaltung des Lebens, doch überwogen wird von andern Motiven: zum Beispiel beim Selbstmord und bei Aufopferung des Lebens für Andere, für Meinungen und für mancherlei Interessen; und umgekehrt, daß alle Grade der ausgesuchtesten Marter auf der Folterbank bisweilen überwunden worden sind von dem bloßen Gedanken, daß sonst das Leben verloren gehe. Wenn aber auch hieraus erhellte, daß die Motive keinen rein objektiven und absoluten Zwang mit sich führen, so konnte ihnen doch ein subjektiver und relativer, nämlich für die Person des Betheiligten, zustehen; welches im Resultat das Selbe war. Daher blieb die Frage: ist der Wille selbst frei? – Hier war nun also der Begriff der Freiheit, den man bis dahin nur in Bezug auf das Können gedacht hatte, in Beziehung auf das Wollen gesetzt worden, und das Problem entstanden, ob denn das Wollen selbst frei wäre« (Schopenhauer 1839/1977, S. 45).

Der gesunde Menschenverstand der Alltagspsychologie hat sich das Problem demnach selbst geschaffen: Er hat sich von der Vorstellung leiten lassen, dass die eigenen Motive niemals so stark sein könnten wie die Naturnotwendigkeit. Zugleich musste er zugeben, dass es zu jedem schwachen Motiv ein stärkeres geben kann. Und schon steht der Alltagsverstand vor der Frage, ob das Wollen frei sein könne. Es ist dies eine – wie Kant sagen würde – »natürliche« Art, wie die »Vernunft« in eine Antinomie gerät. Innerhalb des expliziten Gedächtnisses finden wir keine widerspruchsfreie Antwort auf die Frage, wodurch der Wille motiviert ist. Schopenhauer zeigt, dass die *Frage* nach der Willensfreiheit bereits auf einer schwachen Grundlage steht, von den *Antworten* ganz zu schweigen. Die Frage nach der Freiheit des Willens ist keine absolute Größe. Sie hat eine triviale Entstehungsgeschichte. Die Frage nach der Freiheit des Willens verschwindet daher selbst wieder, wenn die Bedingungen ihrer Entstehung wegfallen. Dadurch ist der Gang der weiteren Untersuchung Schopenhauers festgelegt.

Im nächsten Schritt weist Schopenhauer auf eine weitere unbemerkte Ungereimtheit in der Verbindung des Freiheitsbegriffs mit dem Wollen hin. Wer sich einlässt auf die Bestimmung, dass »frei sein« bedeute: »dem eigenen Willen gemäß« zu sein, und schließlich die Frage beantworten wolle, ob der Wille selbst frei sei, verfalle in die Tautologie zu fragen, »ob der Wille sich selber gemäß sei« (Schopenhauer, S. 46). Daher verwandele sich die triviale Auskunft: »Frei bin ich, wenn ich *thun* kann, *was ich will*« in die bedeutungslose Frage: »Kannst du auch wollen, was du willst«? Wer sich auf diese Frage einlasse, verfalle der Illusion, dass hinter dem Wollen ein anderes Wollen stecken könne, das wiederum nur die Folge eines noch weiter zurückliegenden Wollens sein könnte und so weiter. »Kannst du auch wollen, was du wollen willst?« lautet der Kern des Unsinns, in den sich der philosophische Verstand leicht verstricken kann.

Spätestens hier – so die zu Recht erwogene Auskunft Schopenhauers – stellt sich die Frage, ob sich der Begriff der Handlungsfreiheit sinnvoll mit dem Begriff des Willens verbinden lasse. Dabei wird schnell sichtbar, dass Freiheit immer zurückgeführt werden kann auf die Abwesenheit von Notwendigkeit.

»Nothwendig ist«, fährt Schopenhauer fort, »was aus einem gegebenen zureichenden Grunde folgt: welcher Satz, wie jede richtige Definition, sich auch umkehren läßt. Je nachdem nun dieser zureichende Grund ein logischer, oder ein mathematischer, oder ein physischer, genannt Ursache, ist, wird die Nothwendigkeit eine logische (wie die der Konklusion, wenn die Prämissen gegeben sind), eine mathematische (zum Beispiel die Gleichheit der Seiten des Dreiecks, wenn die Winkel gleich sind), oder eine physische, reale (wie der Eintritt der Wirkung, sobald die Ursache da ist) seyn: immer aber hängt sie, mit gleicher Strenge, der Folge an, wenn der Grund gegeben ist. Nur sofern wir etwas als Folge aus einem gegebenen Grunde begreifen, erkennen wir es als nothwendig, und umgekehrt, sobald wir etwas als Folge eines zureichenden Grundes erkennen, sehen wir ein, daß es nothwendig ist: denn alle Gründe sind zwingend.«

Wer den Satz vom zureichenden Grund ernst nehme, und alles andere könne kaum zu Recht den Namen »Wissenschaft« tragen, dem verbiete sich die Halbherzigkeit eines kompatibilistischen Freiheitsbegriffs oder »schwankende, nebelichte Erklärungen, hinter denen sich zaudernde Halbheit verbirgt ... Jede Folge aus einem Grunde ist nothwendig, und jede Nothwendigkeit ist Folge aus einem Grunde« (Schopenhauer 1839/1977, S. 47).

Die Halbheit eines kompatibilistischen Begriffs der Freiheit führt Schopenhauer zurück auf die fromme Philosophie des Leibniz. »Er sagt nämlich«, erinnert Schopenhauer, »... ›Alle Handlungen sind bestimmt und niemals unbeeinflußt, weil immer ein Grund da ist, der uns geneigt macht, wenn er auch nicht nötigt.‹ ... Dies giebt mir Anlaß zu bemerken, daß ein solcher Mittelweg zwischen der oben gestellten Alternative nicht haltbar ist und man nicht, einer gewissen beliebten Halbheit gemäß, sagen kann, die Motive bestimmten den Willen nur gewissermaaßen, er erleide ihre Einwirkung, aber nur bis zu einem gewissen Grade, und dann könne er sich ihr entziehen. Denn sobald wir einer gegebenen Kraft Kausalität zugestanden haben, also erkannt haben, daß sie wirkt; so bedarf es, bei etwanigem Widerstande, nur der Verstärkung der Kraft, nach Maaßgabe des Widerstandes, und sie wird ihre Wirkung vollenden. Wer mit 10 Dukaten nicht zu bestechen ist, aber wankt, wird es mit 100 seyn, ... « Genau dieser Halbheit fallen Philosophen heute noch zum Opfer, wenn sie etwa davon ausgehen, dass »moralische Urteile ... notwendig Motive (erzeugen), in Übereinstimmung mit ihnen zu handeln« (Schopenhauer, S. 47).

Schopenhauer zeigt sehr deutlich, dass in der philosophischen Vorstellung von Freiheit eine tief liegende Ungereimtheit steckt. Für die Alltagspsychologie, aus welcher die analytische Philosophie des Geistes heute größte Stücke ihrer Legitimation schöpft, wie ich oben in meiner Kritik an Matthias Vogel gezeigt habe, gilt Freiheit als der Zustand, in dem ich sagen kann: »Ich kann tun, was ich will.« Und so entspricht »frei« auch heute noch der Definition Schopenhauers: »dem Willen gemäß« (Schopenhauer, S. 55). Nach wie vor gilt für die Alltagspsychologie der Satz: »*Wenn* ich dies will, kann ich dies *thun*.« Wir können festhalten, dass dieser Satz richtig ist, dass wir aber gleichwohl für einen Begriff der Willensfreiheit, der mit dem bewussten Erleben verbunden ist, nichts gewonnen haben.

Interessant für die gegenwärtige Debatte um die Willensfreiheit ist es nun, dass Schopenhauer bereits durch methodische Analyse zur gleichen Auskunft gelangte wie die moderne Neurobiologie durch empirische Experimente: Dort, wo ich Freiheit erlebe, also in den Bewusstseinszuständen, ist über ihr Wesen nichts auszumachen, ja verbindet sich nichts Beobachtbares, nichts Reproduzier-

Die Sinnlosigkeit eines kompatibilistischen Freiheitsbegiffs 97

bares mit der Vorstellung von Freiheit. Schopenhauers Fazit, »an dem was wir thun, erkennen wir, was wir sind« (Schopenhauer, S. 138), erfährt unabhängig von seiner Willensmetaphysik eine Bestätigung durch die Hirnforschung, wenn Wolf Singer schreibt: »Keiner kann anders, als er ist« (Singer 2004, S. 254).

»Dies liegt im letzten Grunde daran«, erklärt Schopenhauer, »daß des Menschen Wille sein eigentliches Selbst, der wahre Kern seines Wesens ist: daher macht derselbe den Grund seines Bewußtseyns aus, als ein schlechthin Gegebenes und Vorhandenes, darüber er nicht hinaus kann. Denn er selbst ist wie er will, und will wie er ist. Daher ihn fragen, ob er auch anders wollen könnte, als er will, heißt ihn fragen, ob er auch wohl ein Anderer seyn könnte, als er selbst: und das weiß er nicht. Eben deshalb muß auch der Philosoph, der sich von Jenem bloß durch die Uebung unterscheidet, wenn er in dieser schwierigen Angelegenheit zur Klarheit kommen will, an seinen Verstand, der Erkenntnisse a priori liefert, an die solche überdenkende Vernunft und an die Erfahrung, welche sein und Andrer Thun, zur Auslegung und Kontrolle solcher Verstandeserkenntniß ihm vorführt, als letzte und allein kompetente Instanz sich wenden, deren Entscheidung zwar nicht so leicht, so unmittelbar und einfach, wie die des Selbstbewußtseyns, dafür aber doch zur Sache und ausreichend seyn wird. Der Kopf ist es, der die Frage aufgeworfen hat, und er auch muß sie beantworten« (Schopenhauer 1839/1977, S. 60).

Die Erklärung leuchtet ein und erübrigt komplizierte logische Epizykel, die eher der Verdunkelung dienen als der klaren Beschreibung des Problems. Schopenhauer kann sich mit schlichten Tatsachen abfinden: Unser Selbstbewusstsein sagt uns, dass wir tun können, was wir wollen. Wir erleben sogar gegensätzlich Dinge, die wir tun können, also gilt, wir können sogar Gegensätzliches tun, wenn wir wollen.

»Dies verwechselt nun«, teilt Schopenhauer den Philosophieprofessoren und dem unphilosophischen Menschen gleichermaßen mit, »der rohe Verstand damit, daß er, in einem gegebenen Fall, auch Entgegengesetztes wollen könne, und nennt dies die Freiheit des Willens. Allein daß er, in einem gegebenen Fall, Entgegengesetztes wollen könne, ist schlechterdings nicht in obiger Aussage enthalten, sondern bloß dies, daß von zwei entgegengesetzten Handlungen, er, wenn er diese will, sie thun kann, und wenn er jene will, sie ebenfalls thun kann: ob er aber die eine so wohl als die andere, im gegebenen Fall, wollen könne, bleibt dadurch unausgemacht und ist Gegenstand einer tiefern Untersuchung, als durch das bloße Selbstbewußtseyn entschieden werden kann. Die kürzeste, wenn gleich scholastische Formel für dieses Resultat würde lauten: die Aussage des Selbstbewußtseyns betrifft den Willen bloß a parte post; die Frage nach der Freiheit hingegen a parte ante« (Schopenhauer 1839/1977, S. 61).

Das Selbstbewusstsein bleibt eigenartig stumm bei der Frage, ob zu einem gegebenen Augenblick entgegengesetzte Dinge wollen können. Damit ist das Problem der menschlichen Freiheit aus der Ebene des Selbstbewusstseins (das ist dasjenige, worauf sich mentales Vokabular bezieht) und damit auch aus der Sphäre der Philosophie des Geistes herausgehoben. Wir werden dort keine Antwort finden. Sobald Willenshandlungen im Selbstbewusstsein auftreten, haben wir immer den Eindruck, dass sie frei sind; sobald ein Philosoph des Geistes dem Gedanken einer willentlichen Handlung nachspürt, wird er sie mit dem Begriff der Freiheit verbinden wollen. Aber die Philosophie des Geistes und die alleinige Betrachtung bewusster Erlebnisse sind nicht zuständig für die Klärung der Frage nach der Willensfreiheit. Die Zuständigkeit in der Behandlung der Frage wird jetzt an das Unbewusste abgegeben. Daher kommen den Theorien der Hirnforschung, die es verstehen, die Lehren des Unbewussten zu berücksichtigen, indem sie ihnen eine naturwissenschaftliche Basis verleihen, besondere Bedeutung zu.

Grund und Ursache

Mit einem streng wissenschaftlichen Standpunkt ist die gleichzeitige strikte Unterscheidung zwischen Ursachen und Gründen nicht vereinbar. Auch wenn es philosophischen Lehren, die seit Jahrzehnten in Mode sind, missfallen mag, ist der wissenschaftliche Blickwinkel nicht einfach vom Teppich zu fegen. Dies mag freilich

Die Sinnlosigkeit eines kompatibilistischen Freiheitsbegiffs

auch unser Strafrecht beeinflussen, wie Gerhard Roth oben ausgeführt hat. Dass der alte Schuldbegriff einer Revision unterzogen werden kann, muss nicht unbedingt abschrecken, wie die Frankfurter Strafrechtlerin Anja Schiemann kürzlich gezeigt hat, indem sie mit ausgezeichneten Argumenten die Brauchbarkeit des Begriffs der »Schuld« im herkömmlichen Strafrecht bestreitet (Schiemann 2004, S. 2056–2059). Nicht die Gefechte, die in erster Linie eroberte Stellungen in den Geisteswissenschaften verteidigen wollen, sind nun gefragt, sondern sachliche Auseinandersetzungen mit der empirischen Forschung.

Die nüchterne Betrachtung lässt den für die Philosophie des Geistes so entscheidende Unterschied zwischen Ursachen und Gründen in sich zusammenfallen. Aber diese Betrachtung ist nicht neu, sie hätte längst schon zum Bestand der Forschung in der Philosophie gerechnet werden können. »Nothwendig ist«, schreibt Schopenhauer, »was aus gegebenem zureichendem Grunde erfolgt« (Schopenhauer 1839/1977, S. 47). Demnach erklärt er die Abwesenheit der Notwendigkeit für »identisch mit Abwesenheit eines bestimmenden zureichenden Grundes«. Schopenhauer hat sich klar gemacht, dass es für diese Art Freiheit keine Vorstellung in unserem Verstand geben kann, weil es gerade die Aufgabe des Verstandes ist, alle Vorstellungsinhalte nach den verschiedensten Formen des Satzes vom zureichenden Grunde (zu dem die streng vorgestellte Naturkausalität ebenso gehört wie die schwache Vorstellung des begründeten Handelns) miteinander in Zusammenhang zu bringen. Der kantischen Bestimmung der Kausalität als einem a priori im Verstand angelegten Vermögen zufolge wäre es absurd, sich vorstellen zu wollen, wie eine Welt aussähe, in der es keine zureichenden Gründe mehr gäbe. Unser Verstand kann nicht anders, als zu jeder Wahrnehmung einen adäquaten Grund hinzuzufabulieren. Es ist eigentlich nicht denkbar, dass wir eine Handlung beschreiben, für die es keine adäquaten Gründe gibt.

Gleichwohl erkennt Schopenhauer, dass die scholastische Philosophie auch für dieses Undenkbare einen Terminus technicus gefunden hatte:

»Er heißt *liberum arbitrium indifferentiae* (freie, nach keiner Seite hin beeinflußte Willensentscheidung). Dieser Begriff ist übrigens der einzige deutlich bestimmte, feste und entschiedene von Dem, was Willensfreiheit genannt wird; ... Jede Folge aus einem Grunde ist nothwendig, und jede Nothwendigkeit ist Folge aus einem Grunde. Aus der Annahme eines solchen *liberi arbitrii indifferentiae* ist die nächste, diesen Begriff selbst charakterisirende Folge und daher als sein Merkmal festzustellen, daß einem damit begabten menschlichen Individuo, unter gegebenen, ganz individuell und durchgängig bestimmten äußern Umständen, zwei einander diametral entgegengesetzte Handlungen gleich möglich sind« (Schopenhauer 1839/1977, S. 49).

Freiheit ist die gedachte Umkehrung dessen, was unser Verstand stets den Dingen zuschreibt. Sie ist das mit negativem Vorzeichen versehene Selbstverständliche, zu dem der Verstand keine Ausnahme zulässt. Sie ist ein reines Konstrukt des Wunsches, dem nichts Beobachtbares und konkret Denkbares entspricht.

Obgleich in der analytischen Philosophie des Geistes der Begriff einer unbedingten Freiheit keine Rolle mehr spielt, sind es die Überlegungen, die unter dem Gesichtspunkt einer bedingten Freiheit der Präsenz von Freiheit im Bewusstsein verpflichtet bleiben. Diese Überlegungen stützten sich auf die These, dass das, was alle Menschen empfinden, nicht falsch sein könne. Sowohl analytische Philosophen des Geistes als auch Pioniere der Neurowissenschaften wie Benjamin Libet bemühen diese Grundhaltung (vgl. Vogel 2004, S. 991f.). Libet schreibt hierzu dezidiert:

»Wir müssen jedoch anerkennen, daß die nahezu universale Erfahrung, daß wir aus freier, unabhängiger Entscheidung handeln können, eine Art von prima-facie-Beleg darstellt, daß bewußte mentale Prozesse bestimmte Gehirnprozesse kausal steuern können« (Libet 2004, S. 286).

Diese Haltung kann allerdings zu nichts mehr führen – wenn wir einmal Schopenhauers Denkweg zugrunde legen – als zur Stützung einer Selbsttäuschung. Wissenschaft wird dabei missbraucht, um die Vorurteile und die Erwartungshaltung eines unvollständigen bewussten Erlebens zu bestätigen. Bloße Bestätigung von Vorurteilen und Erwartungshorizonten kann jedoch nicht das sein, wofür Philosophie zu gelten hat. Die Selbsttäuschung, die in dieser Position liegt, leitet Schopenhauer zu der Schlussfolgerung, dass

Die Sinnlosigkeit eines kompatibilistischen Freiheitsbegiffs 101

die Freiheit des Willens keinesfalls aus dem Selbstbewusstsein (in der Sprache der analytischen Philosophie des Geistes heißt dies heute: der »Raum der Gründe«) erklärt werden könne:

»Um die Entstehung dieses für unser Thema so wichtigen Irrthums speciell und aufs deutlichste zu erläutern und dadurch die im vorigen Abschnitt angestellte Untersuchung des Selbstbewußtseyns zu ergänzen, wollen wir uns einen Menschen denken, der, etwan auf der Gasse stehend, zu sich sagte: ›Es ist 6 Uhr Abends, die Tagesarbeit ist beendigt. Ich kann jetzt einen Spaziergang machen; oder ich kann in den Klub gehn; ich kann auch auf den Thurm steigen, die Sonne untergehn zu sehn; ich kann auch ins Theater gehn; ich kann auch diesen, oder aber jenen Freund besuchen; ja, ich kann auch zum Thor hinauslaufen, in die weite Welt, und nie wiederkommen. Das Alles steht allein bei mir, ich habe völlige Freiheit dazu; thue jedoch davon jetzt nichts, sondern gehe ebenso freiwillig nach Hause, zu meiner Frau.‹ Das ist gerade so, als wenn das Wasser spräche: ›Ich kann hohe Wellen schlagen‹ (ja! nämlich im Meer und Sturm), ›ich kann reißend hinabeilen‹ (ja! nämlich im Bette des Stroms), ›ich kann schäumend und sprudelnd hinunterstürzen‹ (ja! nämlich im Wasserfall), ›ich kann frei als Strahl in die Luft steigen‹ (ja! nämlich im Springbrunnen), ›ich kann endlich gar verkochen und verschwinden‹ (ja! bei 80° Wärme); ›thue jedoch von dem Allen jetzt nichts, sondern bleibe freiwillig, ruhig und klar im spiegelnden Teiche.‹ Wie das Wasser jenes Alles nur dann kann, wann die bestimmenden Ursachen zum Einen oder zum Andern eintreten; ebenso kann jeder Mensch was er zu können wähnt, nicht anders, als unter derselben Bedingung. Bis die Ursachen eintreten, ist es ihm unmöglich: dann aber muß er es, so gut wie das Wasser, sobald es in die entsprechenden Umstände versetzt ist. Sein Irrthum und überhaupt die Täuschung, welche aus dem falsch ausgelegten Selbstbewußtseyn hier entsteht, daß er jenes Alles jetzt gleich könne, beruht, genau betrachtet, darauf, daß seiner Phantasie nur ein Bild zur Zeit gegenwärtig seyn kann und für den Augenblick Alles Andere ausschließt. Stellt er nun das Motiv zu einer jener als möglich proponirten Handlungen sich vor; so fühlt er sogleich dessen Wirkung auf seinen Willen, der dadurch sollicitirt wird: dies heißt, in der Kunstsprache, eine Velleitas. Nun meint er aber, er könne diese auch zu einer Voluntas erheben, das heißt die proponirte Handlung ausführen: allein dies ist Täuschung. Denn alsbald würde die Besonnenheit eintreten und die nach andern Seiten ziehenden, oder die entgegenstehenden Motive ihm in Erinnerung bringen: worauf er sehen würde, daß es nicht zur That kommt. Bei einem solchen successiven Vorstellen verschiedener einander ausschließender Motive, unter steter Begleitung des innern ›ich kann thun was ich will‹, dreht sich gleichsam der Wille, wie eine Wetterfahne auf wohlgeschmierter Angel und bei unstätem Winde, sofort nach jedem Motiv hin, welches die Einbildungskraft ihm vorhält, successiv nach allen als möglich vorliegenden Motiven, und bei jedem denkt der Mensch, er könne es wollen und also die Fahne auf diesem Punkte fixiren; welches bloße Täuschung ist. Denn sein ›ich kann dies wollen‹ ist in Wahrheit hypothetisch und führt den Beisatz mit sich ›wenn ich nicht lieber jenes Andere wollte‹: der hebt aber jenes Wollenkönnen auf. – Kehren wir zu jenem aufgestellten, um 6 Uhr deliberirenden Menschen zurück und denken uns, er bemerke jetzt, daß ich hinter ihm stehe, über ihn philosophire und seine Freiheit zu allen jenen ihm möglichen Handlungen abstreite; so könnte es leicht geschehen, daß er, um mich zu widerlegen, eine davon ausführte: dann wäre aber gerade mein Leugnen und dessen Wirkung auf seinen Widerspruchsgeist das ihn dazu nöthigende Motiv gewesen. Jedoch würde dasselbe ihn nur zu einer oder der andern von den leichteren unter den oben angeführten Handlungen bewegen können, zum Beispiel ins Theater zu gehen; aber keinesfalls zur zuletzt genannten, nämlich in die weite Welt zu laufen: dazu wäre dies Motiv viel zu schwach. – Ebenso irrig meint Mancher, indem er ein geladenes Pistol in der Hand hält, er könne sich damit erschießen. Dazu ist das Wenigste jenes mechanische Ausführungsmittel, die Hauptsache aber ein überaus starkes und daher seltenes Motiv, welches die ungeheure Kraft hat, die nöthig ist, um die Lust zum Leben, oder richtiger die Furcht vor dem Tode, zu überwiegen: erst nachdem ein solches eingetreten, kann er sich wirklich erschießen, und muß es; es sei denn, daß ein noch stärkeres Gegenmotiv, wenn überhaupt ein solches möglich ist, die That verhindere.

Ich kann thun was ich will: ich kann, wenn ich will, Alles was ich habe den Armen geben und dadurch selbst einer werden, – wenn ich will! – Aber ich vermag nicht, es zu wollen; weil die entgegenstehenden Motive viel zu viel Gewalt über mich haben, als daß ich es könnte. Hingegen wenn ich einen andern Charakter hätte, und zwar in dem Maaße, daß ich ein Heiliger wäre, dann würde ich es wollen können; dann aber würde ich auch nicht umhin können, es zu wollen, würde es also thun müssen. – Dies Alles besteht vollkommen wohl mit dem »ich kann thun was ich will« des Selbstbewußtseyns, worin noch heut zu Tage einige gedankenlose Philosophaster die Freiheit des Willens zu sehen vermeynen, und sie demnach als eine gegebene Thatsache des Bewußtseyns geltend machen. Unter diesen zeichnet sich aus Hr. Cousin und verdient deshalb hier eine mention honorable, da er in seinem Cours d'histoire de la philosophie, professé en 1819, 20, et publié par Vacherot, 1841, lehrt, daß die Freiheit des Willens die zuverlässigste Thatsache des Bewußtseyns sei..., und Kanten tadelt, daß er dieselbe bloß aus dem Moralgesetz bewiesen und als ein Postulat aufgestellt habe, da sie doch eine Thatsache sei: ›pourquoi démontrer ce qu'il suffit de constater?‹ ... ›la liberté est un fait, et non une croyance‹ .... – Inzwischen fehlt es auch in Deutschland nicht an Ignoranten, die Alles, was seit zwei Jahrhunderten große Denker darüber gesagt haben, in den Wind schlagen und auf die im vorigen Abschnitt analysirte, von ihnen, wie vom großen Haufen, falsch aufgefaßte Thatsache des Selbstbewußtseyns pochend, die Freiheit des Willens als thatsächlich gegeben präkonisiren. Doch thue ich ihnen vielleicht Unrecht; indem es seyn kann, daß sie nicht so unwissend sind, wie sie scheinen, sondern bloß hungrig, und daher, für ein sehr trockenes Stück Brod, Alles lehren, was einem hohen Ministerio wohlgefällig seyn könnte« (Schopenhauer 1839/1977, S. 81ff).

Fazit

In unserem Bewusstsein begegnen wir einer Vorstellung vom freien Willen, die Schopenhauer als eine Täuschung entlarvt hatte. Aus dem Bewusstsein, aus dem Raum der Gründe, kann nicht sinnvoll die Freiheit des Willens abgeleitet werden. Die Argumente, die von der heutigen Philosophie des Geistes vorgebracht werden, um zu beweisen, dass allein aus dem Selbstbewusstsein und dem Raum der Gründe die Willensfreiheit bewiesen werden könnte, hatte Schopenhauer vor 150 Jahren bereits als unhaltbar ausgelegt. Die Ergebnisse seiner Analyse sind kaum verschieden von den Ergebnissen der heutigen Neurowissenschaften. Nicht weniger bemerkenswert ist die von Schopenhauer vorgelegte Begründung für diese Selbsttäuschung. Er bezeichnet es als eine »natürliche Täuschung«, dass in unserem Bewusstsein die Vorstellung der Willensfreiheit auftritt, obgleich dieses Bewusstsein nicht der Ort des Wollens ist.

Es scheint sinnvoll, an der Richtigkeit der folgenden Aussage festzuhalten: »Ich kann tun, was ich will«. Ich kann auf der linken Straßenseite gehen und ich kann auf der rechten Straßenseite gehen, wenn ich will. Ich kann Suizid begehen, ich kann es aber auch lassen. Letzteres ist zweifellos keine triviale Entscheidung. In jedem Fall muss ein entsprechend großes Motiv meinen Willen bestimmen, über das ich im bewussten Erleben nicht denjenigen Einfluss habe, den mir mein bewusstes Erleben vorspiegelt. Es ist nur eine Entscheidung zur selben Zeit möglich, und diese ist kausal an das Motiv des Willens gebunden. Dass ich allerdings meinen Willen, der sich weitestgehend aus Gedächtnisinhalten zusammensetzt, die meinem bewussten Erleben nicht zugänglich sind, durch Bildung (im weitesten Sinn) prägen kann, wird hierbei nicht ausgeschlossen. Dies ist jedoch weniger leicht als die Annahmen, die mit einer Autonomie des »Raumes der Gründe« gegenüber dem Prinzip der Kausalität suggeriert werden, diese Triebstruktur des Menschen zu beeinflussen. Schopenhauers Analysen stehen im Einklang mit den oben stehenden Ausführungen Roths, dass alle im Raum der Gründe erwogenen Entscheidungen zu »Ursachen« werden müssen, damit sie handlungswirksam sein können.

Im Charakter des Menschen liegt daher der eigentliche Grund seines Handelns fixiert. Wenn wir durch Ethik das Verhalten des Menschen verändern wollen, dann nützt es wenig – und dies hat Schopenhauers Ethik ebenso wie die Erfahrung gezeigt –, dass wir ihm beständig die vermeintliche Unwiderleglichkeit unverständlich formulierter rationaler Gründe für sein Handeln demonstrieren. Sinnvoller scheint es, auf die Ausbildung und Erziehung, auf die Charakterbildung des Menschen größeren Wert legen. Erst wenn die Menschen anders sind, werden sie auch anders handeln.

Literatur

Berlin, I. (1989): Two Concepts of Liberty. In: Four Essays on Liberty. Oxford u. New York.
Grün, K.-J. (2001): Arthur Schopenhauer. München.
Leist, A. (2000): Die gute Handlung. Eine Einführung in die Ethik. Berlin.
Libet, B. (2004): Haben wir einen freien Willen? In: Geyer, C. (2004): (Hg.): Hirnforschung und Willensfreiheit. Zur Deutung der neuesten Experimente. Frankfurt a. M., S. 268–291.
Prinz, W. (1996): Freiheit oder Wissenschaft? In: Foppa, K.; von Cranach, M. (Hg.): Freiheit des Entscheidens und Handelns. Heidelberg. S. 86–103.
Prinz, W. (2004): Der Mensch ist nicht frei. Ein Gespräch. In: Geyer, C. (Hg.): Hirnforschung und Willensfreiheit. Zur Deutung der neuesten Experimente. Frankfurt a. M., S. 20–26.
Roth, G. (2004): Worüber dürfen Hirnforscher reden – und in welcher Weise? Deutsche Zeitschrift für Philosophie 2: 223–234.
Schiemann, A. (2004): Kann es einen freien Willen geben? – Risiken und Nebenwirkungen der Hirnforschung für das deutsche Strafrecht. Neue Juristische Wochenschrift (NJW) 29: 2056–2059.
Schopenhauer, A. (1839): Über die Freiheit des menschlichen Willens. Zürich, 1977.
Singer, W. (2004): Selbsterfahrung und neurobiologische Fremdbeschreibung. Zwei konfliktträchtige Erkenntnisquellen. Deutsche Zeitschrift für Philosophie 2: 235–255.
Solms, M. (2003): Was bleibt von Freud? Essay des Hirnforschers und Psychoanalytikers. In: Spiegel spezial (2003): Die Entschlüsselung des Gehirns 4: 60.
Vogel, M. (2004): Gehirne im Kontext. Anmerkungen zur philosophierenden Hirnforschung. Deutsche Zeitschrift für Philosophie 6: 985–1005.

Thomas Goschke

Der bedingte Wille

Willensfreiheit und Selbststeuerung aus der Sicht der kognitiven Neurowissenschaft

Was unterscheidet eine freie Willenshandlung (zum Beispiel ein absichtliches Augenzwinkern) von einem Reflex (zum Beispiel einem unwillkürlichen Blinzeln in Reaktion auf einen Luftstoß aufs Auge)? Viele Menschen verbinden mit dem Begriff der Willensfreiheit die intuitive Vorstellung, dass man unter identischen Bedingungen auch anders hätte handeln und entscheiden können, als man es faktisch tat. Eng damit verknüpft ist die Vorstellung, dass Personen letztendliche Urheber (»unverursachte Verursacher«) willentlicher Handlungen sind, deren Entscheidungen und Handlungen nicht vollständig durch vorauslaufende Bedingungen festgelegt sind. Diese Form von unbedingter Willensfreiheit wird in der Philosophie als libertarische Konzeption von Willensfreiheit bezeichnet und gilt vielen als notwendige Bedingung dafür, Personen für ihre Handlungen verantwortlich machen zu können. Darüber hinaus ist der subjektive Eindruck von Willensfreiheit eng mit der Vorstellung eines bewussten steuernden »Ich« oder »Selbst« verbunden, was oft zu der Vermutung führt, es müsse auch im Gehirn etwas geben wie eine zentrale Steuerinstanz, die Entscheidungen fällt, bewusste Absichten bildet und willentliche Handlungen initiiert.

Im Gegensatz dazu beruht dieser Beitrag auf der Annahme, dass *unbedingte* Willensfreiheit eine begrifflich inkohärente und empirisch unhaltbare Konzeption ist. Die Idee unbedingter Willensfreiheit ist nicht nur unvereinbar damit, dass unsere Entscheidungen und Handlungen – wie andere natürliche Ereignisse in der Welt – Ursachen haben, das heißt von vorauslaufenden Bedingungen abhängen und den Naturgesetzen unterliegen. Vielleicht noch gravierender ist, dass eine unbedingte Willensfreiheit – gäbe es sie – darauf hinauslaufen würde, dass unsere Handlungen *zufällige* Ereignisse wären, die in keinem Zusammenhang zu uns als handelnden Personen stünden. Auch die Vorstellung einer bewussten zentralen Steuerinstanz im Gehirn, die Willenshandlungen initiiert und »untergeordnete« Verarbeitungssysteme kontrolliert, ist im Lichte kognitions- und neurowissenschaftlicher Ergebnisse nicht aufrechtzuerhalten. Aus Argumenten gegen die Möglichkeit einer unbedingten Willensfreiheit ist häufig der Schluss gezogen worden, dass es sich bei Willensfreiheit um eine Illusion handele (Singer 2004; Prinz 2004; Roth 2001; Wegner 2002). Diese These löst zu Recht heftige Kontroversen und mitunter Bestürzung aus, rührt sie doch an die Grundfesten unseres menschlichen Selbstverständnisses als autonomen, frei entscheidenden und für unsere Handlungen verantwortlichen Personen. Obwohl ich in diesem Beitrag ebenfalls gegen die Idee einer unbedingten Willensfreiheit argumentieren werde, möchte ich – unter Berücksichtigung empirischer Ergebnisse der experimentellen Psychologie und der Kognitions- und Neurowissenschaften – dafür argumentieren, dass sich eine alternative Konzeption davon begründen lässt, was es heißt, willentlich zu handeln, die *vereinbar* mit der Annahme der kausalen Bedingtheit unserer Handlungen ist, zugleich aber den Besonderheiten willentlicher Handlungen im Unterschied zu nicht willentlichem Verhalten gerecht wird. Nach dieser Konzeption lassen sich *Freiheitsgrade* bei der Verhaltenssteuerung in Abhängigkeit davon unterscheiden, ob Lebewesen über bestimmte *kognitive Kompetenzen* verfügen. Von zentraler Bedeutung für willentliches Handeln ist dabei die Fähigkeit, zukünftige Effekte und Folgen des eigenen Verhaltens *antizipieren* und Verhalten aufgrund *mental repräsentierter Ziele* auswählen zu können. Die zentrale These dieses Beitrags lautet also, dass Willenshandlungen nicht *undeterminiert*, sondern *auf besondere Weise* determiniert sind.

Da ich im Folgenden Bezug auf Ergebnisse der Kognitions- und Neurowissenschaften nehmen werde, ist eine Vorbemerkung zur Relevanz empirischer Ergebnisse für das philosophische Problem der Willensfreiheit angebracht. Obwohl das Problem der Vereinbarkeit von Willensfreiheit und Determinismus eines der ältesten der Philosophie ist und in der aktuellen Diskussion – so weit ich dies als Nichtphilosoph übersehe – keine *grundsätzlich* neuen Argumente ausgetauscht werden, genießt das Thema derzeit auch in der breiteren Öffentlichkeit eine für philosophische Fragen bemerkenswerte Aufmerksamkeit. Dies ist sicher zu einem beträchtlichen Teil darauf zurückzuführen, dass empirische Ergebnisse der experimentellen Psychologie und Hirnforschung die zunächst recht abstrakte These, dass all unsere Entscheidungen und Handlungen auf kausal determinierten neuronalen Prozessen beruhen, *anschaulich* macht. Indem es mittels bildgebender Verfahren möglich geworden ist, metabolische Korrelate der neuronalen Aktivität in unterschiedlichen Bereichen des Gehirns zu messen und diese Daten zu visualisieren, wird die ja keineswegs neue Annahme, dass psychische Vorgänge wie Gefühle, Entscheidungen oder sogar moralische Urteile neuronale Korrelate haben, gleichsam sinnlich erfahrbar. Was die Bedeutung solcher Ergebnisse für das Problem der Willensfreiheit betrifft, ist allerdings zu unterscheiden zwischen der *begrifflichen* Frage, was wir unter Willensfreiheit verstehen wollen beziehungsweise sinnvollerweise darunter verstehen sollten und der *empirischen* Frage, welche neurokognitiven Mechanismen unseren Handlungen zugrunde liegen. So handelt es sich bei der aktuellen Diskussion um die Willensfreiheit zu einem großen Teil um einen Streit um *Begriffsdefinitionen*: Definiert man beispielsweise Willensfreiheit als Möglichkeit, unter vollkommen identischen Bedingungen auch anders handeln zu können, und hält es gleichzeitig für wahr, dass alle Ereignisse in der Welt kausal determiniert sind, *muss* man zu dem Schluss kommen, dass es Willensfreiheit nicht geben kann (wobei dieser Schluss zunächst unabhängig von *spezifischen* empirischen Befunden über die neuronalen Grundlagen unseres Verhaltens ist). Mehr noch, ein so bestimmter Begriff vollkommen unbedingter Willensfreiheit entzieht sich per definitionem einer empirischen Untersuchung, da diese notwendigerweise voraussetzen muss, dass es kausale Bedingungsfaktoren für unser Verhalten gibt, die sich experimentell aufdecken lassen. Wirklich relevant werden empirische Ergebnisse erst im Rahmen so genannter *kompatibilistischer* Willenstheorien, die davon ausgehen, dass sich eine Konzeption von Willensfreiheit entwickeln lässt, die vereinbar mit der Annahme der kausalen Bedingtheit unserer Handlungen ist. Da diese Ansätze auf der Annahme beruhen, dass willentliches Handeln auf spezifischen kognitiven Kompetenzen beruht, die ihrerseits in neuronalen Mechanismen und Strukturen realisiert sind, sind für die Beurteilung der Tragfähigkeit kompatibilistischer Willenskonzeptionen empirische Erkenntnisse über die neurokognitiven Grundlagen der Handlungssteuerung von unmittelbarer Bedeutung und liefern wichtige Randbedingungen für eine empirisch begründete Theorie darüber, was es bedeuten kann, willentlich zu handeln.

Ich werde im Folgenden zunächst kurz begründen, warum ich das Konzept unbedingter Willensfreiheit für inkohärent halte, um danach auf der Grundlage von Ergebnissen der Kognitions- und Neurowissenschaften die Frage zu erörtern, worin die Besonderheiten von Willenshandlungen im Unterschied zu unwillkürlichen Verhaltensformen liegen. Auf Basis dieser Analyse werden ich zum Abschluss auf die Frage zurückkommen, inwieweit eine modifizierte Konzeption *bedingter Willensfreiheit* unseren alltagspsychologischen Vorstellungen von Freiheit und Urheberschaft entspricht und warum die libertarische Intuition eines unbedingten Willens so hartnäckig ist.

Das Dilemma der Willensfreiheit

Die Herausforderung des Determinismus

Wir haben die meiste Zeit über den Eindruck, frei entscheiden zu können, was wir tun oder lassen, sofern wir keinen äußeren Zwängen unterliegen und nicht an pathologischen Beeinträchtigungen der Entscheidungs- oder Handlungsfreiheit leiden, wie sie etwa bei Zwangshandlungen, Suchtkrankheiten oder einigen Formen der Schizophrenie auftreten. Fragt man genauer, was unter Willensfreiheit zu verstehen ist, so stößt man auf zwei grundlegende Intuitionen (vgl. Walter 1999). Zum einen ist dies die Annahme, dass man in einer gegebenen Situation auch anders hätte entscheiden und handeln können, als man es tatsächlich tat (Prinzip der *alternativen Möglichkeiten*). So haben Sie vermutlich das Gefühl, dass es Ihnen frei steht, diesen Text weiterzulesen oder aber stattdessen einen Waldlauf zu machen. Zum Zweiten besagt die Intuition, dass die eigenen Handlungen durch einen »selbst« (und nicht durch äußere »fremde« Faktoren) bestimmt werden (Prinzip der *Urheberschaft*). Nach dieser Intuition handelt es sich bei Ihrer Entscheidung, diesen Text weiterzulesen, dann um eine freie Willensentscheidung, wenn sie das Resultat *Ihrer* Überzeugungen, Wünsche, Ziele und Präferenzen ist.

In der Philosophie wird die These, dass Willensfreiheit darin besteht, unter identischen Bedingungen auch anders handeln zu können, als *libertarische* Konzeption der Willensfreiheit bezeichnet (Kane 2002). In ihrer extremen Lesart läuft diese Vorstellung darauf hinaus, dass Personen »unverursachte Verursacher« sind, die »aus sich heraus« neue Kausalketten in Gang setzen können und dabei nicht durch vorauslaufende Bedingungen festgelegt sind, mithin also *Letztverursacher* ihrer Handlungen sind. Das offensichtliche Problem einer libertarischen Konzeption von Willensfreiheit besteht darin, dass sie unvereinbar mit der Annahme ist, dass alle Ereignisse in dieser Welt (einschließlich unserer Entscheidungen und Handlungen) Ursachen haben, das heißt durch vorauslaufende Ereignisse in Verbindung mit den Naturgesetzen *determiniert* sind. In ihrer einfachsten Form besagt die These des *Determinismus*, dass es für jedes Ereignis Bedingungen gibt, bei deren Vorliegen das Ereignis nicht anders hätte geschehen können, als es tatsächlich geschah (Earman 1986; van Inwagen 1983). *Wenn* der Determinismus eine wahre Annahme über unsere Welt ist, kann es keine libertarische Willensfreiheit geben, da all unsere Entscheidungen und Handlungen durch vorauslaufende Ereignisse eindeutig festgelegt wären. Wenn Sie sich beispielsweise für das Weiterlesen entscheiden, so ist dies aus der Perspektive des Determinismus das unvermeidliche Ergebnis einer komplexen Kette von Ursachen (zu denen unter anderem die momentane Reizsituation, der dadurch ausgelöste Hirnzustand, aber auch ihre Gene sowie all ihre Lernerfahrungen gehören). Der Determinismus scheint also auszuschließen, dass wir jemals verantwortlich für unsere Handlungen sind, da diese durch Bedingungen festgelegt sind, auf die wir keinen Einfluss haben. Zugespitzt formuliert: Wenn der Zustand des Universums zu einem beliebig weit in der Vergangenheit liegenden Zeitpunkt zusammen mit den Naturgesetzen bereits festlegte, ob Sie sich in diesem Moment für den Waldlauf oder das Lesen entscheiden, wenn also eine lückenlose Kausalkette von jenem vergangenen Weltzustand zu ihrer Entscheidung führt, scheint es, als seien Sie nicht selbst, sondern jener frühere Weltzustand der eigentliche Urheber der Entscheidung.

Bevor ich Entgegnungen auf dieses Argument diskutiere, sind einige mögliche Missverständnisse auszuräumen. Erstens ist die Herausforderung des Determinismus nicht daran gebunden, dass man der Meinung ist, dass geistige Vorgänge auf Gehirnprozessen beruhen oder mit diesen identisch sind, also eine materialistische Position in Bezug auf das Leib-Seele-Problem vertritt. Zwar sind Anhänger der These des Determinismus faktisch oft auch Materialisten, aber auch Dualisten, die den Geist für eine vom Gehirn getrennte, immaterielle Entität halten, stehen im Prinzip vor der analogen Frage, ob jener immaterielle Geist in seinen Entscheidungen kausal determiniert oder aber unbedingt ist (wobei Dualisten allerdings zusätzlich mit einer ganzen Reihe weiterer altehrwürdiger Probleme zu kämpfen haben, etwa wie ein immaterieller Geist ohne Ort und Ausdehnung kausal auf das Gehirn einwirken kann, so dass es den Körper in der vom Geist gewünschten Weise steuert; warum der Geist dazu überhaupt ein Gehirn benötigt; und woher der ort- und ausdehnungslose Geist eigentlich weiß, welchem Körper er zugeordnet ist).

Zweitens ist die These des Determinismus von der Frage zu trennen, ob menschliches Verhalten *vorhersagbar* ist. An dem Argument, dass der Determinismus die Möglichkeit ausschließt, unter identischen Bedingungen anders handeln zu können, würde es nichts ändern, wenn unsere Entscheidungen und Handlungen prinzipiell nicht vorhersagbar wären (zum Beispiel wenn unser Gehirn in Teilen ein chaotisches System wäre, so dass minimale Unterschiede in einem Ausgangszustand mitunter zu völlig verschiedenen Reaktionen führen würden). Bei der Frage, ob Willensfreiheit mit dem Determinismus vereinbar ist, geht es nicht darum, ob menschliches Verhalten *praktisch* vorausberechnet werden kann, sondern ob es *faktisch* kausal determiniert ist oder nicht. Drittens geht es bei der Frage der Vereinbarkeit von Freiheit und Determinismus nicht darum, ob wir unter *sehr ähnlichen*, sondern ob wir unter *identischen* Bedingungen über alternative Möglichkeiten verfügen. Die These des Determinismus ist daher vollkommen vereinbar damit, dass sehr ähnliche (aber eben nicht identische) Ausgangsbedingungen zu unterschiedlichem Verhalten führen können. Da das Verhalten auch in einem solchen Fall vollständig durch die jeweiligen Bedingungen determiniert wäre, ist die Möglichkeit des unter ähnlichen Bedingungen Anders-handeln-Könnens keine Rettung des libertarischen Konzepts unbedingter Freiheit.

Bedeutet Willensfreiheit Abwesenheit von kausaler Determination?

Versuche, einen libertarischen Freiheitsbegriff zu verteidigen, laufen denn auch meist in der einen oder anderen Weise darauf hinaus, die uneingeschränkte Geltung des Determinismus zu bestreiten (zum Beispiel Kane 1996). So wird mitunter – etwa mit Berufung auf die Quantenphysik – argumentiert, dass es in unserer Welt genuin indeterminierte Ereignisse gibt und es daher zumindest möglich sei, dass (einige) unserer Entscheidungen und Handlungen nicht vollständig durch vorauslaufende Bedingungen festgelegt sind. Eben dies eröffne die Möglichkeit, dass man unter identischen Bedingungen auch anders hätte handeln können. Allerdings sieht sich auch der Versuch, Willensfreiheit durch die Annahme indeterminierter Entscheidungen und Handlungen zu begründen, einem schwerwiegenden Einwand gegenüber. Betrachten wir dazu noch mal die Entscheidung zwischen Waldlauf und Lesen und nehmen wir an, dass Sie nach mehr oder weniger langwierigen Überlegungen und Abwägungen der beiden Alternativen im Lichte Ihrer persönlichen Präferenzen, Wünsche, Ziele, Motive und Bewertungen zu dem Schluss gekommen sind, dass es das Beste sei, weiterzulesen und die feste Absicht gebildet haben, dies auch zu tun. Wären Sie im libertarischen Sinn frei, wäre ihre Entscheidung dennoch nicht vollständig durch vorauslaufende Bedingungen (zu denen insbesondere ihre Abwägungen, Präferenzen, Wünsche, Ziele, Motive und Bewertungen gehören) determiniert. Mit anderen Worten: Ganz egal, wie Ihre Wünsche, Ziele und Motive aussehen mögen, es wäre dennoch *völlig offen*, ob Sie den Waldlauf machen oder weiterlesen (da libertarische Freiheit ja bedeutet, auch unter *identischen* Bedingungen anders handeln zu können). Der Preis, den wir für *unbedingte* Willenfreiheit zahlen müssen, besteht also darin, dass unsere Entscheidungen und Handlungen *zufällige* Ereignisse wären und wir selbst zu Zufallsgeneratoren von Verhaltensweisen würden, die in keinem Zusammenhang zu unseren Überzeugungen, Wünschen, Absichten oder Persönlichkeitseigenschaften stünden. Es ist aber schwer zu sehen, wie man für rein zufälliges Verhalten verantwortlich gemacht werden könnte oder in welchem Sinn man sich überhaupt als Urheber dieses Verhaltens betrachten könnte (Bieri 2001; Dennett 1984; Goschke 2004; Walter 1999).

Das Dilemma ist nun offenkundig: Während der Determinismus ausschließt, dass wir unter identischen Bedingungen anders handeln können, schließt der Indeterminismus aus, dass unsere Handlungen von uns abhängen. Kurz gesagt sind die beiden grundlegenden Intuitionen, die wir mit dem Begriff der Willensfreiheit verbinden – einerseits unabhängig von Vorbedingungen neue Kausalketten in Gang setzen zu können und andererseits im Einklang mit den eigenen Überzeugungen, Wünschen und Absichten zu handeln –, unvereinbar (Bieri 2001; Goschke u. Walter, in Vorb.; Walter 1999). Mitunter wird an dieser Stelle eingewendet, dass es etwas Drittes neben Determinismus und Zufall geben könne (oder müsse), das einen Ausweg aus dem Dilemma bietet. Insbesondere wird häufig darauf verwiesen, dass die meisten psychologischen Gesetzmäßigkeiten probabilistischer Natur seien, so dass sich nur Wahrscheinlichkeitsaussagen über Verhalten treffen ließen. Allerdings helfen diese Argumente hier nicht weiter. Entweder ist scheinbar probabilistisches Verhalten in Wirklichkeit determiniert und wir können lediglich die Bedingungsfaktoren nicht vollständig oder nicht hinreichend genau messen, oder aber das

Verhalten ist tatsächlich ein Ausdruck von Zufallsprozessen, womit wir erneut vor dem dargestellten Dilemma stehen.

Der bedingte Wille: Vom »Unverursachten Verursacher« zur antizipativen Verhaltenssteuerung

Aus diesem Dilemma kann man unterschiedliche Konsequenzen ziehen. Betrachtet man das Prinzip der alternativen Möglichkeiten als notwendige Voraussetzung für Willensfreiheit *und* hält man den Determinismus für wahr, wird man zu dem Schluss kommen, dass es Willensfreiheit nicht gibt, sondern dass es sich um eine Illusion handelt (Markowitsch 2004; Singer 2004; Wegner 2002). Hält man an einer libertarischen Definition von Willensfreiheit fest, aber gleichzeitig den Indeterminismus für möglich, steht man vor dem eben beschriebenen Problem zu erklären, wie Willensfreiheit vom reinen Zufall abzugrenzen ist (zum Beispiel Kane 1996; zur Kritik vgl. Dennett 2003; Goschke u. Walter, in Vorb.).

Eine dritte Möglichkeit – die ich im Weiteren verfolgen möchte – besteht darin, eine Konzeption von Willensfreiheit zu entwickeln, die nicht auf der Voraussetzung beruht, dass wir unverursachte Verursacher sind, die unter identischen Bedingungen auch anders handeln können. In der Philosophie werden solche Ansätze als *kompatibilistisch* bezeichnet, da sie von der Vereinbarkeit von Willensfreiheit und Determinismus ausgehen oder in der kausalen Determiniertheit von Handlungen sogar eine *Bedingung* der Möglichkeit von Willensfreiheit sehen (zum Beispiel Beckermann 2004; Bieri 2001; Dennett 2003; Goschke u. Walter, in Vorb.; Pauen 2001). Wenn wir noch mal die Eingangsfrage aufgreifen, was ein willentliches Augenzwinkern vom reflexhaften Blinzeln unterscheidet, so liegt für einen Kompatibilisten der Unterschied nicht darin, dass die Willenshandlung undeterminiert und der Reflex determiniert ist, sondern dass beide Verhaltensweisen auf sehr unterschiedliche Weise determiniert werden. Während Reflexe in starrer Weise durch spezifische, aktuell vorhandene Reize ausgelöst werden und über relativ fixe neuronale Verschaltungen vermittelt werden, beruhen Willenshandlungen auf inneren Repräsentationen der *zu-*

künftigen Effekte und Ziele des eigenen Verhaltens sowie auf Bewertungen dieser Zielzustände im Lichte von Überzeugungen, Präferenzen, Wünschen und Motiven. Dass Zielrepräsentationen, Bewertungen und Antizipationen letztlich auf kausal determinierten Gehirnprozessen beruhen mögen, ändert nichts daran, dass die Fähigkeit, Verhalten an antizipierten zukünftigen Zuständen auszurichten im Vergleich zu Reflexen zu einem immensen Zuwachs an Flexibilität und Freiheitsgraden bei der Handlungssteuerung geführt hat.

Aus einer solchen Konzeption ergeben sich drei wichtige Konsequenzen. Erstens wird die Fähigkeit zur willentlichen Handlungssteuerung als ein Bündel kognitiver Kompetenzen betrachtet, die Lebewesen zur antizipativen, zielgerichteten und selbstkontrollierten Verhaltensselektion befähigen. Diese kognitiven Kompetenzen sind ein Ergebnis der Evolution, in deren Verlauf einige Lebewesen zunehmend komplexere kognitive Mechanismen ausgebildet haben, um sich in einer veränderlichen und nur teilweise vorhersagbaren Umwelt adaptiv zu verhalten (Dennett 2003; Goschke 2004). Zweitens wird Willensfreiheit damit zu einem graduell abgestuften Begriff. Anstelle der Vorstellung einer absoluten, unbedingten Freiheit gehen kompatibilistische Ansätze davon aus, dass sich Grade der Willentlichkeit, Autonomie und Flexibilität des Verhaltens in Abhängigkeit von der Komplexität der zugrunde liegenden kognitiven Fähigkeiten unterscheiden lassen. Drittens werden Willenshandlungen zu einem Gegenstand empirischer Forschung. Tatsächlich hat es überhaupt nur dann Sinn, die Prozesse, die willentlichen Handlungen zugrunde liegen, experimentell zu untersuchen, wenn man annimmt, *dass* diese Prozesse auch in systematischer Weise von kausalen Bedingungen abhängen (Goschke 2002; Kuhl 1996; Prinz 2004). Insofern wird es zu einer empirischen Frage, über welchen Grad an Autonomie und Flexibilität Personen faktisch verfügen und inwieweit ihre Handlungen tatsächlich auf (bewussten) Abwägungen, Antizipationen und Bewertungen beruhen. Ich werde daher genauer auf empirische Ergebnisse zu den kognitiven und neuronalen Grundlagen der willentlichen Handlungssteuerung eingehen, bevor ich zur philosophischen Ausgangsfrage zurückkomme.

Der bedingte Wille 117

Kognitive Grundlagen der willentlichen Handlungssteuerung

Vom Reflex zur antizipativen Verhaltenssteuerung

Lebewesen haben im Verlauf der Evolution unterschiedliche Mechanismen ausgebildet, um sich adaptiv zu verhalten, das heißt Situationen aufzusuchen oder herzustellen, die ihrem Überleben und ihrer Fortpflanzung zuträglich sind und gefährliche oder für die Bedürfnisbefriedigung ungeeignete Situationen zu meiden. Im einfachsten Fall wird adaptives Verhalten durch angeborene Reflexe und Instinkte sichergestellt, die in relativ starrer Weise durch bestimmte Reizbedingungen ausgelöst werden (man denke etwa an den Lidschlussreflex, der das Auge vor plötzlich herannahenden Objekten schützt, oder an das Verhalten von Fröschen, auf kleine schwarze bewegliche Punkte in ihrem Blickfeld – bei denen es sich zumeist um Insekten handelt – mit dem Hervorschnellen der Zunge zu reagieren). Allerdings ist es im Verlauf der Gehirnevolution bei vielen Arten zu einer zunehmenden *Abkopplung* des Verhaltens von der unmittelbar vorhandenen Reizsituation gekommen, die man zugleich als Zuwachs an *Freiheitsgraden* der Verhaltensselektion interpretieren kann. So wird das Verhalten der meisten Lebewesen nicht in stets gleicher Weise durch spezifische Reizbedingungen ausgelöst, sondern hängt von fluktuierenden inneren *Bedürfnis- und Motivationszuständen* ab. Selbst instinktives Verhalten wird häufig nicht automatisch durch bestimmte Schlüsselreize ausgelöst, sondern nur dann, wenn sich der Organismus in einem inneren *Bereitschaftszustand* befindet (Tinbergen 1951). Im einfachsten Fall beruhen solche Bereitschaften auf physiologischen Bedürfnissen (zum Beispiel Mangel an Futter, Wasser oder Schlaf), die man als Abweichungen von inneren Sollwerten (zum Beispiel einer bestimmten Glukosekonzentration) interpretieren kann. Reichen automatische vom autonomen Nervensystem gesteuerte Regulationsmechanismen (zum Beispiel Transpiration bei Überhitzung) nicht aus, um den Sollwert wiederherzustellen, entsteht ein aversiver *Triebzustand* und es werden bestimmte Verhaltensklassen in erhöhte *Bereitschaft* versetzt, von denen das Lebewesen gelernt hat, dass sie geeignet sind, den Mangelzustand abzustellen. Der für unser Thema wichtige Punkt ist dabei, dass eine solche bedürfnisabhängige Verhaltenssteuerung einen entscheidenden Schritt hin zu einer größeren Flexibilität der Verhaltensselektion darstellt, da nun Verhaltensdispositionen in Abhängigkeit von *inneren* Zuständen des Lebewesens verändert werden können.

Die zweite Bedingung, die entscheidend zur weiteren Expansion der Verhaltensflexibilität beigetragen hat, ist die Evolution von zunehmend komplexeren Formen des *Lernens* und *Gedächtnisses*. Aufgrund von Lernprozessen sind Lebewesen in der Lage, ihre Verhaltensdispositionen als Folge von individuellen Erfahrungen zu verändern und an wechselnde Umweltbedingungen anzupassen. Während einfache, phylogenetisch alte Formen des Lernens darauf beruhen, dass Assoziationen zwischen Reizen oder zwischen Reizen und Reaktionen erfahrungsabhängig verändert werden, beruhen komplexere Gedächtnisleistungen auf der Fähigkeit, Fakten und Erfahrungsepisoden zu speichern und bewusst wieder abrufen zu können (so genanntes deklaratives Gedächtnis; Eichenbaum 2002; Goschke 1996a; Markowitsch 1992).

Für unser Thema ist dabei von besonderer Bedeutung, dass Lernprozesse Lebewesen in die Lage versetzen zu *antizipieren*, welche Effekte bestimmte Verhaltensweisen unter bestimmten Bedingungen mit einer bestimmten Wahrscheinlichkeit haben werden. Im einfachsten Fall drückt sich diese Antizipationsfähigkeit darin aus, dass Lebewesen lernen, dass bestimmte Reaktionen unter bestimmten Reizbedingungen mit positiven oder negativen Konsequenzen verbunden sind (zum Beispiel wenn eine Laborratte lernt, dass sie durch das Drücken eines Hebels die Gabe von Futter bewirken kann). Obwohl man der Laborratte deshalb noch nicht die Fähigkeit zum willentlichen Handeln zusprechen würde, war die sich in ihrem Verhalten ausdrückende Antizipationsfähigkeit ein entscheidender evolutionärer Schritt auf dem Weg hin zu komplexeren Formen der zielgerichteten Verhaltenssteuerung. Die Fähigkeit zur Antizipation von Handlungseffekten ermöglicht eine genuin *zukunftsorientierte* Verhaltensselektion, also die Auswahl und Steuerung des Verhaltens aufgrund von *inneren Repräsentationen angestrebter Zielzustände* (Goschke 2004). Einer der Ersten, die diesen Gedanken ausgearbeitet haben, war William James (1890), der das entscheidende Merkmal von Willenshandlungen darin sah, dass sie durch Antizipationen der durch sie bewirkten Effekte kontrolliert werden.

Nun führt ein weiter Weg von der Laborratte, die gelernt hat, sich durch das Drücken eines Hebels Futter zu verschaffen, zum willentlichen Handeln von Menschen. Obzwar die Ratte in begrenztem Maß dazu fähig ist, aus einer Menge alternativer Verhaltensweisen solche auszuwählen, von der sie gelernt hat, dass sie zu positiven Effekten führen, zeichnet sich die menschliche Handlungssteuerung durch einen immensen Zuwachs an Komplexität der zugrunde liegenden kognitiven Kompetenzen aus, die wiederum mit einer geradezu explosionsartigen Ausweitung der Freiheitsgrade des Verhaltens verbunden ist.

An erster Stelle ist hier die Ausweitung des Zeithorizonts antizipativer Prozesse zu nennen. Im Unterschied zur begrenzten Antizipationsfähigkeit selbst unserer nächsten Verwandten unter den Primaten sind Menschen in der Lage, im Prinzip *beliebig weit in der Zukunft* liegende Konsequenzen ihrer Handlungen mental vorwegzunehmen. Wie Dennett treffend bemerkt hat, sind wir »virtuoso avoiders, preventers, interferers, forestallers today. We have managed ourselves into the happy situation of having enough free time to sit around systematically looking into the future and asking ourselves what to do next« (Dennett 2003, S. 54).

Tatsächlich erwerben wir praktisch während unseres gesamten Lebens ein zunehmend komplexeres Bedingungswissen darüber, welche Handlungen unter welchen Bedingungen welche kurz- und langfristigen Effekte haben (zum Beispiel dass das Treten der Bremse das Auto verlangsamt oder das Absolvieren eines Studiums die Berufschancen erhöht). Darüber hinaus lernen wir, zunehmend differenzierte Erwartungen darüber zu generieren, welche Auswirkungen bestimmte Zustände auf unsere eigene Bedürfnis- und Motivationslage haben, was uns die Lage versetzt, Handlungen aufgrund von Einschätzungen der Wahrscheinlichkeit auszuwählen, mit der sie unter bestimmten Ausgangsbedingungen zu positiv bewerteten Zuständen führen – was nichts anders bedeutet, als dass die Auswahl von Handlungen durch *mental repräsentierte Ziele* bestimmt wird. Willentlich zu handeln besteht also kurz gesagt darin, Handlungen aufgrund von mentalen Zielrepräsentationen (das heißt antizipierten und positiv bewerteten Handlungseffekten) auszuwählen[1] (Dörner 1999; Goschke 1996a, 2004; Hoffmann 1993; Hommel 2000; Prinz 1998). Wenn ich an dieser Stelle von der *Auswahl zwischen alternativen Handlungen* spreche, ist damit natürlich nicht die libertarische Annahme alternativer Möglichkeiten unter identischen Bedingungen gemeint. Aus verschiedenen Handlungsalternativen auszuwählen meint hier nicht mehr und nicht weniger, als dass in einer gegebenen Situation innere Repräsentationen der (positiven und negativen) Effekte möglicher Reaktionen aktiviert werden und dass diese Repräsentationen (mit)determinieren, welches Verhalten ausgeführt wird. Welche konkreten Repräsentationen dabei aktiviert werden und wie diese die Verhaltensselektion beeinflussen, ist dabei natürlich selbst das Ergebnis vorauslaufender Bedingungen (u. a. der Lerngeschichte des Organismus und seinen aus früheren Erfahrungen resultierenden Präferenzen und Motiven).

Eine zweite Besonderheit der menschlichen Antizipationsfähigkeit besteht darin, dass wir nicht nur zukünftige Handlungseffekte, sondern auch Veränderungen der eigenen *zukünftigen Bedürfnislage* antizipieren können. Das ermöglicht uns, Ziele zu bilden, die nicht durch *aktuell angeregte* Bedürfnisse (zum Beispiel Hunger) motiviert sind, sondern auf die Befriedigung lediglich antizipierter *zukünftiger* Bedürfnisse gerichtet sind (Bischof 1989; Goschke 2004). Die Fähigkeit zur Bedürfnisantizipation liegt so scheinbar trivialen Verhaltensweisen zugrunde wie der, am Nachmittag eine Flasche Bier zu kaufen, um den am Abend entstehenden Wunsch nach einem kühlem Pils befriedigen zu können; sie ist aber auch die Voraussetzung für das, was wir im Alltag als »Willensstärke« be-

---

1 Wenn ich hier intentionale Begriffe wie Ziel oder Absicht verwende, so gehe ich davon aus, dass es sich dabei um innere Zustände handelt, die einerseits durch einen *repräsentationalen Inhalt* charakterisiert werden können, zum Beispiel indem sie sich auf einen angestrebten Zustand beziehen, die aber andererseits *kausal wirksam* kraft ihrer physikalischen Realisierung zum Beispiel als neuronales Aktivierungsmuster sind.

zeichnen, also die Unterdrückung momentaner Handlungsimpulse zugunsten langfristiger Ziele (etwa wenn wir das Rauchen aufgeben, um nicht Jahre später an Lungenkrebs zu erkranken).

Mit der Ausweitung des Zeithorizonts antizipativer Prozesse hängt ferner eng zusammen die Fähigkeit zu *planen*, also versuchsweise neue Handlungssequenzen zu generieren und vor ihrer eigentlichen Ausführung im Sinne eines inneren Probehandelns »mental zu simulieren«. Menschliches Planen zeichnet sich dabei dadurch aus, dass es auf Repräsentationen hierarchisch organisierter Ziel-Mittel-Strukturen beruht, bei denen Oberziele rekursiv in immer spezifischere Teilziele dekomponiert werden (Hacker 1998; Miller et al. 1960).

Ebenfalls zur Flexibilität der Handlungssteuerung trägt das beim Menschen besonders hoch entwickelte *episodische Gedächtnis* bei. Im Unterschied zu einfacheren Formen des Lernens, die auf der graduellen Veränderung bestehender oder dem Erwerb neuer Gewohnheiten, Fertigkeiten und Reiz-Reaktions-Verknüpfungen beruhen, ermöglicht es das episodische Gedächtnis, neue Ereignisse und spezifische Merkmalskonfigurationen schnell und Form von integrierten Episoden in einem raum-zeitlichen Kontext zu speichern (Goschke 1996a; Markowitsch 1992; Tulving 1983). Neben Erinnerungen an vergangene Ereignisse können auch unerledigte Absichten und später auszuführende Handlungen als Inhalte des episodischen Gedächtnisses gespeichert werden (so genanntes *prospektives Gedächtnis* oder *Intentionsgedächtnis*; Brandimonte et al. 1996; Goschke u. Kuhl 1996). Die Fähigkeit, Absichten im episodischen Langzeitgedächtnis zu speichern und unter Umständen erst nach Tagen, Wochen oder sogar Monaten wieder abzurufen, wenn der spezifizierte Zeitpunkt oder geeignete Ausführungsgelegenheiten vorliegen, ermöglicht es, dass zu einem Zeitpunkt getroffene Entscheidungen die Verhaltensselektion zu einem unter Umständen erst sehr viel späteren Zeitpunkt beeinflussen (was natürlich nicht heißt, dass Absichten im entscheidenden Moment mitunter nicht auch vergessen werden). Absichten werden damit zu langfristigen Randbedingungen (»constraints«) der Verhaltensselektion (Bratman 1987; Goschke 1996b; Goschke u. Kuhl 1993, 1996).

Von kaum zu überschätzender Bedeutung für die Verhaltensflexibilität ist schließlich die Sprache. Mit der Sprache verfügen wir über ein generatives und produktives Repräsentationssystem, mit dem sich eine praktisch unbegrenzte Zahl von Instruktionen und Intentionen in einem symbolischen Format kodieren lassen. Infolgedessen dessen können wir unsere Verhaltensdispositionen auf flexible und nahezu beliebige Weise von einem Moment zum nächsten auf neue Weise »konfigurieren« und auf die gleiche Reizsituation mit einer praktisch ungegrenzten Zahl von Reaktionen antworten (sofern die dazu erforderlichen elementaren Reaktionsprogramme zum Verhaltensrepertoire des Individuums gehören). Russische Psychologen wie Luria (1961) und Vygotski (1962) haben schon vor längerem die Bedeutung des *inneren Sprechens* für die intentionale Verhaltensregulation und Selbststeuerung hervorgehoben. Indem Kinder lernen, Instruktionen, die sie zunächst von ihren Bezugspersonen erhalten, in zunehmendem Maß zu *internalisieren* und sich durch inneres Sprechen gleichsam selbst zu instruieren, sind sie zunehmend besser in der Lage, auch bei komplexeren Handlungsplänen auf das Ziel konzentriert zu bleiben und sich nicht von störenden Reizen ablenken zu lassen (vgl. Diaz u. Berk 1992). Wie neuere Untersuchungen zeigen, spielen verbale Selbstinstruktionen aber auch bei der Verhaltenssteuerung von Erwachsenen eine wichtige Rolle, insbesondere wenn es erforderlich ist, neue oder ungeübte Handlungen auszuführen oder flexibel zwischen verschiedenen Reiz-Reaktions-Regeln zu wechseln (Emerson u. Miyake 2003; Goschke 2000, 2003).

Funktionale Besonderheiten willentlicher Handlungen

Aufgrund der skizzierten kognitiven Kompetenzen zeichnen sich menschliche Handlungen selbst im Vergleich zum Verhalten unserer nächsten Verwandten unter den Primaten durch einen immensen Zuwachs an *Autonomie* und *Freiheitsgraden* aus. Dies sei anhand von einigen funktionalen Merkmalen willentlicher Handlungen dargestellt.

Flexibilität und Reizentbundenheit. Im Unterschied zu Verhalten, das in automatischer Weise durch spezifische Reizbedingungen ausgelöst wird und auf relativ fixen Reiz-Reaktions-Verknüpfungen beruht, zeichnen sich willentliche Handlungen durch ihre Flexibilität und weitgehende Unabhängigkeit von der unmittelbaren Reizsituation aus. Da die willentliche Handlungsselektion durch mentale Repräsentationen von Instruktionen, Aufgabenregeln, Zielen und anderen Kontextinformationen moduliert wird, können wir auf ein und denselben Reiz (zum Beispiel eine Kaffeetasse) im Prinzip mit einer nahezu unbegrenzten Zahl von Verhaltensweisen reagieren, je nachdem welches Ziel wir gerade verfolgen (so können wir aus der Tasse einen Schluck Kaffee trinken; sie als theatralische Geste an die Wand werfen; sie zerschlagen, um mit den Scherben etwas zu zerschneiden – und all dies, obwohl Trinken normalerweise die am häufigsten ausgeführte und insofern stärkste oder am meisten automatisierte Reaktionstendenz sein dürfte).

Unterdrückung von Automatismen und Gewohnheiten. Ein zweites Funktionsmerkmal der willentlichen Handlungssteuerung besteht in der Fähigkeit, starke gewohnheitsmäßige oder automatisierte Reaktionen zu unterdrücken, wenn diese in Widerspruch zu einem aktuellen Ziel oder einer Absicht stehen. Ein einfaches Beispiel für eine Situation, in der eine Absicht im Konflikt zu einer automatisierten Reaktionstendenz steht, ist die in der Psychologie viel untersuchte Farbbenennungsaufgabe von Stroop (1935), bei der Probanden so schnell wie möglich die Druckfarbe von Worten benennen sollen. Bezeichnen die Worte ihrerseits inkongruente Farben (wird zum Beispiel das Wort »grün« in roter Farbe dargeboten), kommt es zu einem Reaktionskonflikt zwischen der intendierten Farbbenennungsreaktion und dem hoch automatisierten Lesen des Wortes, was sich in einer erhöhten Zahl von Fehlern und verlängerten Reaktionszeiten manifestiert. Dass wir in der Lage sind, in dieser Situation die eigentlich schwächere (das heißt weniger geübte), aber intentionsgemäße Reaktion (Farbe benennen) auszuführen, setzt die Fähigkeit voraus, die Verarbeitung des aufgabenrelevanten Reizmerkmals (Druckfarbe) selektiv zu verstärken beziehungsweise die Verarbeitung der irrelevanten Reizdimension (Wortbedeutung) zu inhibieren.

Impulsunterdrückung und Selbstkontrolle. Neben der Fähigkeit, automatisierte Reaktionen zu unterdrücken, zeichnet sich die willentliche Handlungssteuerung dadurch aus, dass wir in der Lage sind, wenn nötig auch emotionale Impulse oder starke konkurrierende Motivationstendenzen zugunsten langfristiger Absichten zu unterdrücken. Diese häufig als *Selbstkontrolle* bezeichnete Fähigkeit zur Impulskontrolle und zum Belohnungsaufschub ermöglicht nicht nur eine an langfristigen Zielen orientierte Verhaltensselektion, sondern ist die Voraussetzung für eine ganze Reihe sozialer Praktiken wie die des Versprechens, Verträgeschließens oder Kooperierens. Entscheidend für selbstkontrolliertes Verhalten ist zum einen die Fähigkeit, *zukünftige* Bedürfnislagen zu antizipieren, die uns überhaupt erst dazu befähigt, Ziele zu generieren, die nicht durch ein aktuelles Bedürfnis motiviert sind, sondern auf die Befriedigung zukünftiger Bedürfnisse gerichtet sind. Zum Zweiten beruht Selbstkontrolle auf der Fähigkeit, aktuelle Bedürfnisse zu unterdrücken oder zumindest aufzuschieben und sogar momentane Verschlechterungen der aktuellen Bedürfnislage zu tolerieren (etwa wenn man der Versuchung widersteht, eine Tüte mit Erdnussflips zu essen, um langfristig sein Gewicht zu halten, oder wenn man eine unangenehme Arztbehandlung über sich ergehen lässt, um langfristig noch schlimmere Folgen zu vermeiden). Die kognitiven Kontrollprozesse, die selbstkontrolliertem Verhalten zugrunde liegen, werden derzeit in der Psychologie und Kognitiven Neurowissenschaft intensiv erforscht (Goschke 2002; Goschke, in Vorb.; Gollwitzer u. Bayer 1999; Kuhl 1985, 1996; Miller u. Cohen 2001; Mischel 1996; Monsell u. Driver 2000).

Selbstreflexion und metakognitive Selbststeuerung. Die Fähigkeit zur Selbstkontrolle hängt eng mit dem zusammen, was als Selbstreflexion oder *Metakognition* bezeichnet wird, also dem Erwerb und der Nutzung von Wissen darüber, wie man die eigenen kognitiven, emotionalen und motivationalen Prozesse beeinflussen kann. Aufgrund solchen Wissens können wir *präventive Ziele* bilden, die nicht primär darauf gerichtet sind, einen bestimmten Zustand in der Welt herzustellen oder zu erreichen, sondern darauf, die eigenen zukünftigen Verhaltensdispositionen so zu beeinflussen, dass die Realisierung langfristiger Absichten nicht durch momentane Ablenkungen oder Versuchungen gefährdet wird (Dörner 1999; Kuhl 1985). Metakognitive oder selbstreflexive Strategien sind insofern oft darauf gerichtet, den Einfluss kurzfristiger motivationaler Anreize auf die Verhaltensselektion zugunsten der Ausrichtung des Verhaltens an langfristigen Zielen zu reduzieren. Eine Möglichkeit dazu besteht darin, Bedingungen in der eigenen Umwelt so zu arrangieren, dass die Wahrscheinlichkeit reduziert wird, zu einem späteren Zeitpunkt in Versuchung geführt und von einer Absicht abgebracht zu werden, indem man potenzielle Ablenkungs- oder Versuchungsquellen beseitigt (Kuhl 1985). Ein Beispiel dafür wäre eine Person, die am Abend einen wichtigen Vortrag vorbereiten will, aber befürchtet, durch eine Einladung von Freunden zum Abendessen oder die simple Versuchung, sich vor den Fernseher zu setzen, davon abgebracht werden könnte und die deshalb den Abend nicht zu Hause, sondern im Büro verbringt, wo sie keinen Anruf erwartet und wo sich kein Fernseher befindet. So banal dieses Beispiel scheinen mag, manifestieren sich in dem beschriebenen Verhalten einige bemerkenswerte metakognitive Fähigkeiten: So muss die Person nicht nur ihren eigenen Motivationszustand zu einem späteren Zeitpunkt antizipieren, sondern auch über metakognitives Wissen darüber verfügen, wie die Stärke konkurrierender Motivationstendenzen durch unterschiedliche Reizbedingungen beeinflusst wird. Neben solchen präventiven Strategien, die darauf gerichtet sind, zu einem *späteren* Zeitpunkt den Einfluss von ablenkenden Reizbedingungen oder Versuchungsquellen zu reduzieren, gibt es auch Selbstkontrollstrategien, die darauf beruhen, dass in einer *aktuellen* Konfliktsituation die Aufmerksamkeit selektiv auf solche Informationen gerichtet wird, die förderlich für die Realisierung einer Absicht sind (zum Beispiel die positiven Anreize eines langfristigen Ziels), und dass solche Reize ignoriert werden, die die Zielverfolgung gefährden (Gollwitzer u. Bayer 1999; Kuhl 1985). Es erstaunt nicht, dass wir als Kinder erst nach und nach lernen, unmittelbaren motivationalen Anreizen zugunsten langfristiger Ziele zu widerstehen. Wie in entwicklungspsychologischen Untersuchungen gezeigt wurde, hängt die Fähigkeit zum Belohnungsaufschub bei Kindern beispielsweise davon ab, ob diese metakognitives Wissen darüber besitzen, dass es in einer Versuchungssituation hilfreich sein kann, die Aufmerksamkeit vom Versuchungsobjekt weg und auf etwas anderes zu richten (Mischel 1996; Kuhl u. Kraska 1992).

Zwischenfazit: Bedingte Willensfreiheit als antizipative Handlungssteuerung

Zusammenfassend können wir festhalten, dass es mit der Evolution der menschlichen Antizipations- und Selbstkontrollfähigkeit zu einer weitgehenden Abkoppelung der Reaktionsselektion von der unmittelbaren Reizverarbeitung und einer immensen Expansion der *Freiheitsgrade* des Verhaltens gekommen ist. Dies manifestiert sich darin, dass die Verhaltensselektion nicht mehr ausschließlich durch die aktuelle Reizsituation, sondern durch repräsentationale Zustände (Ziele, Erwartungen, Bewertungen) determiniert wird, was es uns ermöglicht, in Abhängigkeit von den jeweils verfolgten Zielen in nahezu beliebig unterschiedlicher Weise auf ein und dieselbe Situation zu reagieren (Rubinstein 1984). Darüber hinaus bildet die Fähigkeit zur Bedürfnisantizipation und Selbstkontrolle die funktionale Grundlage für eine vermutlich spezifisch menschliche Form von Autonomie, die darin gründet, dass unser Verhalten bis zu einem gewissen Grad unabhängig von *inneren* Determinanten wie aktuell anregten Bedürfnissen, emotionalen Impulsen und starken Gewohnheiten wird (Kuhl 1996).

Auch wenn uns diese Fähigkeiten meistens selbstverständlich erscheinen mögen, beruhen sie auf der bemerkenswerten Fähigkeit unseres Gehirns, das Zusammenspiel sensorischer, kognitiver und motorischer Systeme von einem Moment zum nächsten im Sinne übergeordneter Ziele auf immer wieder neue Weise konfigurieren und koordinieren zu können (Goschke 2000, 2003; Monsell u. Driver 2000). Diese Verhaltensflexibilität zusammen mit der Unabhängigkeit von der unmittelbaren Reizsituation dürften ein Grund dafür sein, warum wir subjektiv den Eindruck haben, dass es uns – sofern kein äußerer Zwang ausgeübt wird – frei steht, wie wir in einer Situation handeln. Allerdings bedeutet die mit der antizipativen Verhaltenssteuerung verbundene Verhaltensflexibilität natür-

Der bedingte Wille 127

lich keine Willensfreiheit im libertarischen Sinn. Dass wir Handlungen aufgrund einer mehr oder weniger rationalen Abwägung ihrer antizipierten Effekte im Lichte unserer kurz- und langfristigen Ziele und Wünsche auswählen, ändert nichts daran, dass unsere Handlungen und die ihnen vorausgehenden Antizipations- und Abwägungsprozesse vollständig kausal determiniert sind. Zielrepräsentationen oder Selbstkontrollstrategien sind keine spontanen Schöpfungen eines »Unverursachten Verursachers«, der durch keinerlei Vorbedingungen bestimmt ist, sondern sie sind das Ergebnis der komplexen Interaktion von genetischen Anlagen, Lernerfahrungen, aktuell verarbeiteter Reizinformation und dem momentanen Motivationszustand des Individuums. Tatsächlich verhält es sich umgekehrt: Wären die Ereignisse in der Welt (inklusive der Effekte, die unsere Handlungen in dieser Welt haben) *nicht* kausal determiniert, hätten sich weder die Fähigkeit zur Antizipation zukünftiger Handlungseffekte noch das zielgerichtete Handeln jemals entwickeln können. Insofern steht der Determinismus nicht im Widerspruch zum willentlichen Handeln, sondern ist eine *Bedingung seiner Möglichkeit* (Dennett 2003).

Auf der Suche nach der zentralen Kontrollinstanz: Neuronale Grundlagen der Selbststeuerung

Wenn man Willensfreiheit im vorgehend dargestellten Sinn als Selbstdetermination interpretiert und willentliches Handeln auf bestimmte kognitive Kompetenzen zurückführt, die sich in der Evolution als Antworten auf das Problem der adaptiven Verhaltenssteuerung entwickelt haben, stellt sich die empirische Frage, welche neuronalen Prozesse und Systeme der Kontrolle von Willenshandlungen zugrunde liegen. Aus der Innenperspektive der ersten Person hängt der Eindruck von Willensfreiheit eng mit der Vorstellung eines steuernden bewussten »Ich« oder »Selbst« zusammen, das Abwägungen vornimmt, Entscheidungen trifft und Absichten bildet, die dann schließlich Körperbewegungen in Gang setzen. Dies legt die Vorstellung nahe, dass es auch im Gehirn eine zentrale Steuerinstanz geben müsse, die für die Auswahl, Initiierung und Kontrolle willentlicher Handlungen verantwortlich ist. Tatsächlich wurde bis in die 1990er Jahre hinein in zahlreichen kognitions- und neurowissenschaftlichen Theorien in der einen oder anderen Form eine solche zentrale Steuerinstanz postuliert, zum Beispiel ein »überwachendes Aufmerksamkeitssystem« (Norman u. Shallice 1986) oder eine »zentrale Exekutive« (Baddeley 1986). Diese Modelle beruhen auf der Annahme, dass das Gehirn aus einer großen Zahl parallel und weitgehend unbewusst arbeitender Verarbeitungsmodule besteht, die für bestimmte Teilaufgaben spezialisiert sind (zum Beispiel die Verarbeitung sensorischer Reize, die Steuerung motorischer Reaktionen, die Generierung emotionaler Reaktionen, die Speicherung und den Abruf von Gedächtnisinhalten). Um zu gewährleisten, dass all diese Systeme in koordinierter Weise zusammenarbeiten, so dass kohärentes zielgerichtetes Verhalten entsteht, sei neben – oder besser über – diesen spezialisierten Verarbeitungsmodulen eine »zentrale Exekutive« erforderlich, die Informationen aus den untergeordneten Systemen erhält, diese im Lichte von Zielen und Motiven interpretiert und bewertet, Entscheidungen darüber trifft, was als nächstes zu tun ist und die Operationen untergeordneter Systeme im Sinne dieser Entscheidungen kontrolliert, koordiniert und überwacht.

Diese Vorstellung ist aus einer ganzen Reihe von Gründen fragwürdig (für eine ausführliche Diskussion vgl. Goschke 1996b; Neumann 1992). Zunächst einmal ist die angenommene zentrale Steuerinstanz nicht mehr als ein intelligenter »Homunkulus«, also ein intelligenter Agent im Gehirn der Person, dem all jene Fähigkeiten zum Entscheiden, Planen und Handeln zugeschrieben werden, über die *Personen* verfügen. Solange man dabei nicht angeben kann, *wie* dieses Kontrollsystem die ihm zugeschriebenen Funktionen realisiert, handelt es sich lediglich um eine andere Bezeichnung für das, was es eigentlich zu erklären gilt, nämlich die konkreten Mechanismen, die der willentlichen Handlungssteuerung zugrunde liegen (Allport 1993; Goschke 1996b; Monsell u. Driver 2000; Neumann 1992).

Darüber hinaus spricht aber auch vieles von dem, was aus empirischen Untersuchungen über die Architektur und Funktionsweise des Gehirns bekannt ist, gegen die Annahme einer einheitlichen »zentralen Exekutive«. Zwar sind bestimmte Hirnregionen zweifellos von herausgehobener Bedeutung für die zielgerichtete Handlungskontrolle. Das gilt insbesondere für das Stirnhirn beziehungsweise den am weitesten vorn gelegenen präfrontalen Kortex, der wohl am häufigsten als Kandidat für das anatomische Substrat einer zentralen Steuerinstanz betrachtet wurde. Ich werde daher exemplarisch auf einige der Befunde eingehen, die dafür sprechen, dass diese Hirnregion in der Tat eine herausragende Rolle bei der willentlichen Handlungssteuerung spielt. Ich werde allerdings dafür argumentieren, dass es aus mehreren Gründen irreführend wäre, im Frontalhirn eine zentrale Steuerinstanz zu sehen, und werde stattdessen ein alternatives Modell der neuronalen Grundlagen der willentlichen Handlungssteuerung skizzieren.

Präfrontaler Kortex und willentliche Handlungssteuerung

Der präfrontale Kortex zeichnet sich anatomisch durch seine massive Vernetzung mit zahlreichen anderen Hirnregionen aus (Fuster 1989). Er erhält Informationen über eingehende (afferente) Verbindungen von den parietalen und temporalen Assoziationsfeldern der Großhirnrinde, die unter anderem an der Verarbeitung sensorischer Informationen und an Aufmerksamkeits- und Gedächtnisprozessen beteiligt sind; von subkortikalen Regionen wie den Basalganglien, die an der Bewegungssteuerung, aber auch an motivationalen Prozessen beteiligt sind; von der Amygdala, die an der emotionalen Bewertung von Reizen beteiligt ist; vom Hippocampus, der entscheidend für das deklarative Gedächtnis ist; von Kernen des Stammhirns, die unter anderem an der Regulation grundlegender Körpervorgänge und des allgemeinen Erregungsniveaus beteiligt sind; sowie vom Thalamus und vom Kleinhirn. Die überwiegende Zahl dieser Verbindungen ist reziprok, das heißt, vom Frontalhirn führen ausgehende (efferente) Verbindungen in die meisten Regionen, aus denen es afferente Projektionen erhält. Ohne darauf hier näher eingehen zu können, ist darauf hinzuweisen, dass innerhalb des präfrontalen Kortex mehrere Subregionen unterschieden werden können, die teilweise unterschiedliche Verbindungen zu anderen Hirnregionen aufweisen (unter anderem der *dorsolaterale, ventrolaterale, ventromediale* und *orbitofrontale Kortex* sowie der auf der medialen Oberfläche des präfrontalen Kortex liegende *anteriore zinguläre Kortex*). Aufgrund seiner massiven Vernetzung mit sensorischen, gedächtnisbezogenen und motorischen Regionen sowie mit Strukturen, die an Gedächtnisfunktionen, Emotionen und motivationalen Prozessen beteiligt sind, befindet sich der präfrontale Kortex in einer ausgezeichneten anatomischen Position, um einerseits Informationen über innere Zustände und äußere Reize zu integrieren und andererseits die Verarbeitung in kortikalen und subkortikalen Systemen zu modulieren, die an Wahrnehmungs-, Gedächtnis- und Reaktionsprozessen beteiligt sind. Dies hat zu der Vermutung beigetragen, es könne sich hier um ein zentrales Integrations- und Kontrollsystem handeln.

Das Wissen über die Funktionen des Frontalhirns wächst derzeit in beeindruckendem Tempo. Zum einen stammt dieses Wissen aus Untersuchungen von Beeinträchtigungen kognitiver Funktionen bei Patienten mit Hirnschädigungen, zum anderen ist es Studien zu verdanken, in denen Methoden der experimentellen Psychologie mit bildgebenden Verfahren wie der funktionellen Magnetresonanztomographie (fMRT) kombiniert werden, mit denen metabolische Korrelate der neuronalen Aktivität (zum Beispiel die regionale Durchblutung oder Sauerstoffversorgung) mit einer relativ hohen räumlichen Auflösung gemessen werden können. Die Ergebnisse dieser Untersuchungen sprechen übereinstimmend dafür, dass der präfrontale Kortex eine wichtige Rolle bei der willentlichen Handlungssteuerung spielt. Insbesondere werden präfrontale Regionen mit so genannten *exekutiven Funktionen* in Verbindung gebracht, die nicht die Reizwahrnehmung oder Bewegungssteuerung im engeren Sinn betreffen, sondern die Koordination sensorischer, kognitiver und motorischer Prozesse im Sinne übergeordneter Ziele und die Unterdrückung starker, aber inadäquater Reaktionen (für Übersichten Goschke 2002; Goschke, in Vorb.; Monsell u. Driver 2000; Miller u. Cohen 2001; Stuss u. Knight 2002; Ullsperger u. von Cramon 2003). Der Begriff der »exekutiven Funktionen« umfasst dabei eine ganze Reihe von zum Teil recht heterogenen Prozessen, zum Beispiel die *Konfiguration* von Verarbeitungsmodulen, die *Koordination* multipler Ziele, die *Planung* neuer Handlungssequenzen, das *prospektive Gedächtnis* für auszuführende Absichten, die *aktive Aufrechterhaltung* aufgabenrelevanter Informationen, die *Inhibition* impulsiver Reaktionen, die *Überwachung* von Reaktionskonflikten und Fehlern und die *Bewertung* von Handlungsergebnissen. Im Folgenden werden exemplarisch einige empirische Ergebnisse zu diesen Funktionen dargestellt, insofern sie relevant für die hier vertretene Konzeption der willentlichen Handlungssteuerung sind.

Kognitive Flexibilität und intentionale Umkonfigurierung von Reaktionsdispositionen. Während Verletzungen des Frontalhirns grundlegende sensorische Funktionen und die Ausführung von Routinehandlungen meist intakt lassen, führen sie häufig zu Beeinträchtigungen der Fähigkeit, Verhalten in flexibler Weise an wechselnde Ziele, Aufgabenanforderungen oder Kontextbedingungen anzupassen. So haben Patienten mit Läsionen (insbesondere des dorsolateralen) präfrontalen Kortex häufig Schwierigkeiten, zwischen verschiedenen Aufgaben oder Verhaltensregeln zu wechseln. Dies äußert sich in *perseverativem* Verhalten, das heißt, die Patienten halten an einer einmal etablierten Verhaltensregel fest, selbst wenn dies wiederholt zu Fehlern führt (Milner 1963). Ebenfalls beeinträchtigt kann die Fähigkeit sein, die Aufmerksamkeit flexibel von einem Reizaspekt auf einen anderen zu verlagern oder zwischen verschiedenen Aufgaben zu wechseln (zum Beispiel abwechselnd auf die Form vs. die Farbe visueller Reize zu antworten; Aron et al. 2004). Im Einklang damit haben bildgebende Verfahren gezeigt, dass das flexible Wechseln zwischen verschiedenen Aufgaben mit erhöhten Aktivierungen in verschiedenen Regionen des präfrontalen und parietalen Kortex einhergehen, wobei einzelne dieser Regionen vermutlich an unterschiedlichen Teilfunktionen beim Aufgabenwechsel beteiligt sind (zum Beispiel Brass u. von Cramon 2002; Gruber et al. 2005; MacDonald et al. 2000; Sohn et al. 2000).

Reizunabhängigkeit: Aktive Aufrechterhaltung und Abschirmung von Ziel- und Kontextrepräsentationen. Eine wichtige Funktion des präfrontalen Kortex ist die aktive Aufrechterhaltung von ziel- und handlungsrelevanten Informationen in Abwesenheit eines Reizinputs und die Abschirmung solcher Informationen gegen störende Reize. In Bildgebungsstudien konnte gezeigt werden, dass Aufgaben, in denen Probanden Informationen (zum Beispiel Gesichter, Wörter, Objekte) für eine gewisse Zeit aktiv im Bewusstsein halten mussten, mit einer erhöhten Aktivierung insbesondere im dorsolateralen präfrontalen Kortex einhergehen, wobei diese Aktivierung umso stärker war, je mehr Informationen die Probanden sich kurzzeitig merken mussten (Braver et al. 1997). Die Bedeutung präfrontaler Regionen für die aktive Aufrechterhaltung und Abschirmung von aufgabenrelevanten Informationen wird auch durch Untersuchungen mit hirngeschädigten Patienten belegt. Sollten sich Probanden Geräusche (zum Beispiel ein Hundebellen) für fünf Sekunden merken, um danach zu entscheiden, ob es identisch mit einen zweiten Vergleichsgeräusche war, so machten Patienten mit Läsionen im dorsolateralen Präfrontalkortex deutlich mehr Fehler als gesunde Kontrollprobanden, besonders wenn während der fünf Sekunden akustische Störreize eingespielt wurden (Chao u. Knight 1998).

Planen und Koordination multipler Ziele. Eine weitere Funktion des präfrontalen Kortex ist die Handlungsplanung, also das geistige Durchspielen von Handlungssequenzen vor ihrer Ausführung. So zeigen Patienten mit Frontalhirnverletzungen häufig Beeinträchtigungen in der so genannten »Turm von London«-Aufgabe (Shallice 1982), bei der sie eine Anzahl von Kugeln, die auf drei Stäben aufgereiht sind, von einer Ausgangskonfiguration nach bestimmten Regeln schrittweise so verschieben sollen, bis eine vorgegebene Zielkonfiguration erreicht ist (Carlin et al. 2000; Shallice 1982). Sollten gesunde Probanden bei dieser Aufgabe den Lösungsweg gedanklich durchspielen, so zeigte sich in einer fMRT-Studie, dass der Planungsaufwand (also die minimal erforderliche Zahl von Zügen) positiv mit der Aktivität in dorsolateralen und in den am weitesten vorn gelegenen (anterioren) Regionen des präfrontalen Kortex korreliert war (van den Heuvel et al. 2003). Erhöhte Aktivierung im anterioren (»frontopolaren«) Kortex wurde auch in anderen Aufgaben gefunden, die es erforderten, ein Oberziel aktiv zu halten, während man gleichzeitig Unterziele abarbeiten musste und Teilergebnisse zur Gesamtlösung kombinieren musste (Braver u. Bongiolatti 2002). Dies deutet darauf hin, dass der anteriore präfrontale Kortex möglicherweise eine spezifische Bedeutung für die Fähigkeit zur Verarbeitung hierarchischer Mittel-Ziel-Repräsentationen und die Koordination multipler Ziele oder Aufgabenregeln hat (vgl. Ramnani u. Owen 2004). Ullsperger und von Cramon (2003) haben die Hypothese aufgestellt, dass umso weiter anterior gelegene Regionen des Frontalhirns an der Handlungsplanung beteiligt sind, desto mehr Freiheitsgrade eine Aufgabe beinhaltet und desto abstrakter die aufgabenrelevanten Repräsentationen werden.

Unterdrückung automatisierter Reaktionen. Auch die Unterdrückung automatisierter Reaktionen scheint eine Leistung zu sein, an der präfrontale Hirnregionen beteiligt sind. Führen Probanden Aufgaben aus, bei denen es darauf ankommt, automatisierte Reaktionen zu unterdrücken (wie zum Beispiel in der genannten Farb-Benennungsaufgabe von Stroop 1935), so zeigt sich in Bildgebungsstudien typischerweise erhöhte Aktivierung in lateralen präfrontalen Hirnregionen und im anterioren zingulären Kortex (zum Beispiel Leung et al. 2000). Eine besonders dramatische Manifestation einer Beeinträchtigung der Fähigkeit zur Unterdrückung automatisierter Gewohnheitshandlungen ist das bei einigen Präfrontalhirnpatienten zu beobachtende Benutzungsverhalten. Zeigt man diesen Patienten alltägliche Objekte, so führen sie scheinbar automatisch Routinehandlungen (zum Beispiel Brille aufsetzen, Zigarette anzünden) mit diesen Objekten aus, selbst wenn sie allem Anschein nach keine entsprechende Absicht haben oder sogar anderweitig instruiert werden (Lhermitte 1983; Shallice et al. 1989).

Unterdrückung emotionaler Impulse und Belohnungsaufschub. Weiter oben habe ich auf die Bedeutung der Unterdrückung aktueller Bedürfnisse zugunsten langfristiger, durch zukünftige Bedürfnisse motivierter Ziele für selbstkontrolliertes Verhalten hingewiesen. Neuere Bildgebungsstudien sprechen dafür, dass die willentliche Kontrolle emotionaler Reaktionen auf der Modulation von Hirnregionen, die an emotionalen Prozessen beteiligt sind, durch präfrontale Regionen beruht. Beispielsweise führte die willentliche Unterdrückung sexueller Erregung beim Anschauen erotischer Filme (Beauregard et al. 2001) oder die Unterdrückung negativer Emotionen wie Furcht oder Ekel beim Anschauen von Fotos mit negativen emotionalen Inhalten (Ochsner et al. 2002) zu erhöhten Aktivierungen im lateralen und medialen präfrontalen Kortex. Diese erhöhte Aktivierung im Präfrontalkortex ging gleichzeitig mit einer *reduzierten* Aktivierung in Hirnregionen einher, die an der emotionalen Verarbeitung beteiligt sind (zum Beispiel der Amygdala und anderen Teilen des so genannten limbischen Systems). Dies spricht dafür, dass die willentliche Kontrolle von Emotionen darauf beruht, dass die Aktivität subkortikaler Regionen in Reaktion auf wahrgenommene (negative oder positive) emotionale Reize durch Repräsentationen der Aufgabeninstruktion im präfrontalen Kortex inhibiert wurde (was möglicherweise darauf beruhte, dass die Probanden gezielt versuchten, die Reize nichtemotional umzuinterpretieren oder alternative Vorstellungen zu erzeugen).

Eine mangelnde Fähigkeit zur Inhibition spontaner emotionaler Reaktionen sollte dementsprechend zu impulsivem, primär an unmittelbaren Anreizen ausgerichtetem Verhalten und einer reduzierten Fähigkeit zum Belohnungsaufschub führen. Tatsächlich gibt erste Hinweise darauf, dass die Interaktion zwischen präfrontalen und limbischen Hirnregionen damit korreliert ist, ob Personen in einer Entscheidungssituation eher dazu neigen, kurzfristig verfügbare kleinere Belohnungen oder größere, aber erst später verfügbare Belohnungen zu wählen (McClure et al. 2004). Entschieden sich die Probanden für einen kleineren, aber sofort verfügbaren Geldbetrag (statt für einen größeren, aber erst später verfügbaren Geldbetrag), so war die Aktivierung in limbischen Hirnregionen, die an der Verarbeitung von unmittelbaren Belohnungssignalen und motivationalen Anreizen beteiligt sind, höher als in präfrontalen und parietalen Hirnregionen. Entschieden die Probanden sich dagegen für den größeren, erst später verfügbaren Betrag, so ging dies mit einer höheren Aktivierung in den präfrontalen im Vergleich zu den limbischen Regionen einher.

Ein Modell willentlicher Handlungssteuerung: Intentionale Modulation automatischer Prozesse

Während die im letzten Abschnitt exemplarisch dargestellten Befunde klar belegen, dass der präfrontale Kortex an der Kontrolle willentlicher Handlungen und der Ausrichtung des Verhaltens an übergeordneten Zielen beteiligt ist, spricht vieles dagegen, in dieser Hirnregion die »zentrale Kontrollinstanz« zu sehen. Erstens handelt es sich beim Frontalhirn weder funktional noch anatomisch um ein einheitliches System, sondern um ein komplexes Netzwerk aus interagierenden Regionen, die jeweils an unterschiedlichen Kontrollfunktionen bei der Planung und Steuerung von willentlichen Handlungen beteiligt sind. Beispielsweise zeigen zahlreiche Bildgebungsstudien, dass unterschiedliche Kontrollfunktionen wie die Aufrechterhaltung von Zielrepräsentationen, die Unterdrückung automatisierter Reaktionen, das flexible Wechseln zwischen Zielen und die Überwachung von Konflikten bei der Reaktionsauswahl jeweils mit Aktivierungen in teilweise unterschiedlichen neuronalen Netzwerken einhergehen, die verschiedene Regionen des präfrontalen Kortex, aber auch weitere Hirnregionen einschließen (Gruber u. Goschke 2004; Shallice 2002; Ullsperger u. von Cramon 2003).

Zweitens ist das Frontalhirn selbst Teil eines komplexen Netzwerkes kortikaler und subkortikaler Hirnstrukturen und wird in seiner Funktionsweise ebenso durch »untergeordnete« Hirnsysteme beeinflusst, wie er umgekehrt die Prozesse in diesen Systemen moduliert (Goschke 1996b; Goschke, in Vorb.; Roth 2001; Ullsperger u. von Cramon 2003). Das gilt insbesondere für Systeme, die an emotionalen und motivationalen Prozessen beteiligt sind. So haben Untersuchungen mit bildgebenden Verfahren gezeigt, dass motivational bedeutsame Reize, die Belohnungen oder Bedrohungen signalisieren, subkortikale Hirnstrukturen (zum Beispiel den Nucleus accumbens im basalen Vorderhirn und die Amygdala im medialen Temporallappen) aktivieren, selbst wenn die Reize so kurzzeitig dargeboten werden, dass sie nur minimal oder gar nicht bewusst verarbeitet werden (zum Beispiel Whalen et al. 1998; LeDoux 1996; Roth 2001). Dass diese Systeme bis zu einem gewissen Grad unabhängig von »höheren« kognitiven Prozessen arbeiten und nur bedingt durch diese kontrolliert werden können, erscheint aus einer evolutionären Perspektive durchaus adaptiv, da auf diese Weise motivational und emotional bedeutsame Reize eine hohe Priorität bei der Reaktionsselektion erhalten und sehr schnell Vermeidungs- oder Annäherungsreaktionen auslösen können (LeDoux 1996). So wichtig die Fähigkeit zum Belohnungsaufschub und zur willentlichen Kontrolle emotionaler Reaktionen für die Ausrichtung des Verhaltens an langfristigen Zielen ist, so wenig sinnvoll wäre es, wenn wir emotionale Reaktionen oder momentane Bedürfnisse vollständig und über längere Zeit unterdrücken könnten. Man kann adaptive Verhaltenssteuerung insofern als ein Optimierungsproblem interpretieren, das einen dynamischen Ausgleich zwischen multiplen, teilweise antagonistischen Anforderungen erfordert (Goschke 1996b, 1997a, 2002, 2003). Beispielsweise müssen Lebewesen kontinuierlich entscheiden, bis zu welchem Grad eine momentane Verschlechterung der aktuellen Bedürfnislage zugunsten eines langfristigen Ziels in Kauf genommen werden sollte und ab wann einem aktuellen Bedürfnis nachgegeben werden sollte (*Bedürfnis-Antizipations-Dilemma*). Ein weiteres Beispiel für ein solches *Kontrolldilemma* betrifft die komplementären Anforderungen, einerseits die Aufmerksamkeit auf zielrelevante Informationen zu fokussieren, andererseits aber die Umwelt möglichst umfassend auf potentiell bedeutsame, aber möglicherweise auch störende oder ablenkende Reize zu überwachen (*Selektions-Überwachungs-Dilemma*).

Diese Überlegungen legen ein alternatives Modell der willentlichen Kontrolle nahe, das auf der Annahme einer Interaktion verteilter Kontrollsysteme mit jeweils komplementären Funktionen beruht (Goschke 1996b, 2003, 2004). Der präfrontale Kortex nimmt in diesem Netzwerk insofern eine funktionale Sonderstellung ein, als er sich durch eine Reihe von spezifischen Funktionsmerkmalen auszeichnet, durch die er entscheidend zu den kognitiven Kompetenzen beiträgt, die willentliches Handlungen ermöglichen. Zu diesen Funktionsmerkmalen gehört es, dass der präfrontale Kortex in der Lage ist, 1. neuronale Aktivierungsmuster, die Ziele, Aufgabenregeln und andere Kontextinformationen repräsentieren, auch in Abwesenheit sensorischer Reize *aktiv aufrechtzuerhalten* und gegen Störungen *abzuschirmen*, 2. diese Repräsentationen schnell und flexibel zu *aktualisieren* und 3. Prozesse in sensorischen, gedächtnisbezogenen und motorischen Verarbeitungssystemen im Sinne dieser aktiv gehaltenen Repräsentationen zu *modulieren* (Miller u. Cohen 2001). Ziele können dabei als neuronale Aktivierungsmuster interpretiert werden, deren semantischer Inhalt in der Repräsentation eines zukünftigen (intendierten) Zustands besteht. Diese Aktivierungsmuster lösen normalerweise nicht *direkt* bestimmte motorische Reaktionen aus, sondern *modulieren*, welche der in einem bestimmten Moment miteinander konkurrierenden Repräsentationen in sensorischen, gedächtnisbezogenen und motorischen Systemen dominant werden. Neuronale Aktivitätsmuster im präfrontalen Kortex, die Ziele und andere Kontextinformationen repräsentieren, modulieren also gleichsam den »Wettstreit« zwischen konkurrierenden Repräsentationen in sensorischen, gedächtnisbezogenen und motorischen Systemen dahingehend, dass sich zielkonforme gegen konkurrierende Repräsentationen durchsetzen (für Details vgl. Miller 2000; Miller u. Cohen 2001; Goschke 2002, 2003; Gruber u. Goschke 2004). Im Einklang mit dieser Annahme haben Tierexperimente gezeigt, dass es im Präfrontalhirn von Affen Nervenzellen gibt, die andauernde Aktivität zeigen, wenn die Tiere trainiert wurden, sich einen Gegenstand für eine gewisse Zeit zu merken (während der der Gegenstand nicht länger sichtbar war), um danach zu entscheiden, ob er mit einem nachfolgenden Vergleichsreiz übereinstimmt (Fuster u. Alexander 1971). Diese dauerhafte Aktivität ist vermutlich das neuronale Substrat der Fähigkeit, Repräsentationen von Objekten auch in Abwesenheit eines externen Reizes aktiv aufrechtzuerhalten. Darüber hinaus wurde bei präfrontalen Neuronen ein aufgabenabhängiges Feuerungsverhalten beobachtet. Wurden Affen trainiert, verschiedene Aufgaben auszuführen, wobei Reize und Reaktionen nach jeweils anderen Regeln verknüpft werden mussten, reagierten mehr als die Hälfte der abgeleiteten Neuronen nur dann mit erhöhter Aktivität auf einen Hinweisreiz, wenn eine ganz bestimmte Aufgabe auszuführen war (Asaad et al. 2000). Dies könnte bedeuten, dass diese Neurone wechselnde Reiz-

Reaktions-Regeln kodieren. Schließlich gibt es auch Belege dafür, dass präfrontale Neurone die Aktivität in anderen kortikalen Regionen dahingehend modulieren können, dass aufgabenrelevante Reize bevorzugt verarbeitet werden (zur Übersicht vgl. Miller u. Cohen 2001).

Der entscheidende Vorteil einer solchen *aktivierungsabhängigen* Modulation der Informationsverarbeitung gegenüber starren Reiz-Reaktions-Verknüpfungen besteht darin, dass die »Bereitschaft« bestimmter Reiz-Reaktions-Verknüpfungen in Abhängigkeit von wechselnden Zielen schnell und flexibel verändert werden kann. Eben dies ermöglicht es, dass sich eine an sich »schwächere«, aber zielkonforme Reaktion gegenüber gleichzeitig aktivierten, automatisierten Reaktionstendenzen durchsetzen kann. Das erklärt auch, warum das Verhalten von Patienten mit Verletzungen des Frontalhirns häufig nur noch unzureichend durch Ziele moduliert wird, was sich in einer erhöhten Reizabhängigkeit, einer mangelnden Unterdrückung automatisierter Reaktionen und einer beeinträchtigten Anpassung des Verhaltens an wechselnde Kontextbedingungen manifestiert.

Obwohl der präfrontale Kortex also eine funktionale Sonderstellung bei der willentlichen Handlungssteuerung einnimmt, handelt es sich nicht um eine oberste zentrale Steuerinstanz, die »entscheidet«, welche Ziele zu verfolgen sind. Welche Zielrepräsentationen in einer gegebenen Situation Zugang zum präfrontalen Kortex erhalten und dort dann gegebenenfalls aktiv aufrechterhalten werden, hängt von der komplexen Interaktion zahlreicher Faktoren ab (unter anderem davon, wie stark die aktuelle Reizsituation aufgrund von Lernerfahrungen mit bestimmten Zielen assoziiert ist, ob die Situation Gelegenheiten zur Ausführung zieldienlicher Handlungen beinhaltet und wie stark konkurrierende Ziele mit aktuell angeregten oder antizipierten Motivationszuständen assoziiert sind). Man kann die Funktion des präfrontalen Kortex insofern besser als die eines globalen *Arbeits- oder Kontextgedächtnisses* beschreiben, wobei multiple (sensorische, affektive, kognitive) Subsysteme kontinuierlich um den Zugang zu diesem Kontextgedächtnis konkurrieren und gleichzeitig durch die aktiv gehaltenen Inhalte im Kontextgedächtnis moduliert werden (Goschke 1996b, 2003).

Zur Bedeutung unbewusster Prozesse beim willentlichen Handeln

Das im letzten Abschnitt skizzierte Modell der willentlichen Handlungssteuerung legt nicht zuletzt auch eine alternative Interpretation bestimmter viel diskutierter Befunde nahe, die angeblich zeigen, dass unsere Handlungen in Wirklichkeit gar nicht auf bewussten Absichten beruhen, sondern vielmehr das Resultat unbewusst ablaufender neuronaler Prozesse sind. Dabei handelt es sich unter anderem um Ergebnisse aus elektrophysiologischen Untersuchungen von Benjamin Libet und Mitarbeitern (Libet 1985; Libet et al. 1983). Libets Versuchspersonen sollten innerhalb eines vorgegebenen Zeitfensters einen Finger bewegen, wann immer sie den spontanen »Drang« dazu verspürten, und danach anhand eines rotierenden Uhrzeigers angeben, zu welchem Zeitpunkt sie den Handlungsimpuls verspürt hatten. Gleichzeitig wurde von der Kopfoberfläche das Elektroenzephalogramm (EEG) abgeleitet, aus dem anschließend das Bereitschaftspotential ermittelt wurde (eine negative Potentialverschiebung im EEG, die vor einer Willkürbewegung auftritt und von Libet als Indikator der Bewegungsvorbereitung interpretiert wurde). Es zeigte sich, dass das Bereitschaftspotential bereits einige hundert Millisekunden *vor* dem Zeitpunkt des bewussten Handlungsimpulses begann.[2] Aus solchen Befunden ist gefolgert worden, dass Handlungen, die wir als frei gewählt und

---

2 An diesen Experimenten ist mehrfach methodische Kritik geübt worden, auf die ich hier nicht weiter eingehen kann (vgl. dazu Rösler, in Vorb.; Gomes 2002; Goschke u. Walter, in Vorb.; Trevena u. Miller 2002). Es sei nur darauf hingewiesen, dass Libets Hauptbefund in einer Replikationsstudie repliziert werden konnte, in der die Personen frei zwischen einer linken oder rechten Bewegung auswählen konnten und statt des Bereitschaftspotentials das so genannte *lateralisierte Bereitschaftspotential* gemessen wurden, dass ein direktes Korrelat der Vorbereitung einer spezifischen linken oder rechten Bewegung darstellt (Haggard u. Eimer 1999). Auch das lateralisierte Bereitschaftspotential begann vor dem eingeschätzten Zeitpunkt des bewussten Handlungsimpulses, wenngleich die Zeitdifferenz geringer ausfiel als in Libets Experiment.

bewusst kontrolliert erleben, in Wirklichkeit nicht durch unsere bewussten Absichten, sondern durch unbewusste (neuronale) Prozesse ausgelöst werden (Libet 1985; Wegner 2002). Dies aber scheint zu zeigen, dass bewusste Absichten nicht die eigentlichen Ursachen unserer Handlungen sind, sondern lediglich nachträgliche Begleiterscheinungen von unbewusst in Gang gesetzten Verhaltensweisen.

Dieser Schluss ist insofern zutreffend, als dass die Ergebnisse tatsächlich in Frage stellen, dass bewusste Intentionen die *unmittelbaren Auslöser* einzelner willentlicher Bewegungen sind. Die Frage ist nur, ob man daraus auch den weiter gehenden Schluss ziehen kann, dass bewusste Absichten *überhaupt keine* kausale Rolle bei der willentlichen Handlungssteuerung spielen. Ich habe an anderer Stelle ausführlich begründet, warum dieser weiter reichende Schluss nicht zwingend ist (Goschke 2004; Goschke u. Walter, in Vorb.), sondern auf einer falschen Vorstellung über die kausale Rolle bewusster Absichten beruht, der zufolge bewusste Intentionen die *unmittelbaren Auslöser* einzelner willentlicher Bewegungen sind. Im Gegensatz zu dieser Auffassung legen die Überlegungen des letzten Abschnitts eine alternative Konzeption nahe, der zufolge bewusste Intentionen besser als *modulierende Randbedingungen* betrachtet werden sollten, die die Reaktionsselektion modulieren, indem sie bestimmte Reaktionsdispositionen in erhöhte Bereitschaft versetzen, zielkonforme sensorische Repräsentationen verstärken und auf diese Weise kognitive, sensorische und motorische Systeme in bestimmter Weise *konfigurieren* (Goschke 1996b, 2002; Hommel 2000; Neumann u. Prinz 1987). Die kausale Wirkung bewusster Intentionen besteht so gesehen nicht darin, dass sie einzelne Bewegungen »anstoßen«, sondern dass sie die Bereitschaft modulieren, mit der bestimmte Handlungen in Reaktion auf bestimmte Reize aktiviert werden. Für die Interpretation von Libets Befunden bedeutet dies, dass die Probanden die eigentlich kausal relevanten Absichten bereits lange vor dem Moment bildeten, zu dem sie die einzelnen Bewegungen ausführten – nämlich zu Beginn des Experiments, als sie die Versuchsinstruktion erhielten und einwilligten, ihr Folge zu leisten. Als Folge davon wurde bei den Probanden für die Dauer des Experiments die Disposition in Bereitschaft versetzt, zu einem zufälligen Zeitpunkt innerhalb des jeweils vorgegebenen Zeitintervalls einmal den Finger zu bewegen. Dass die einzelnen Bewegungen danach ohne einen erneuten bewussten Willensakt initiiert wurden, ist nicht erstaunlicher als die Tatsache, dass die meisten elementaren Handlungen, die wir im Alltag ausführen, unbewusst initiiert werden, obwohl sie auf zuvor gebildeten bewussten Intentionen beruhen. Man denke etwa daran, wie man während des Frühstücks ohne Nachzudenken zur Kaffeetasse greift – obwohl es sich dabei nicht um einen Reflex handelt, sondern die Handlung auf der zuvor gebildeten Intention beruht, noch eine dritte Tasse zu trinken, ist kein erneuter bewusster »Willensakt« erforderlich, um die Handlung zu initiieren. Was die Versuchspersonen in Libets Experiment zeitlich datierten, war also nicht die eigentlich kausal relevante Intention, sondern vielmehr der Moment, zu dem ihnen bewusst wurde, dass die nächste unbewusst initiierte Bewegung unmittelbar bevorstand. Dass bewusste Intentionen die unbewusste Reaktionsaktivierung modulieren, wurde inzwischen in mehreren Experimenten gezeigt, in denen Reaktionen, die auf bewusst verarbeiteten Instruktionen beruhen (zum Beispiel beim Erscheinen eines bestimmten Reizes eine bestimmte Taste zu drücken), auch dann durch die in der Instruktion spezifizierten Auslösereize aktiviert wurden, wenn diese Reize so kurzzeitig dargeboten wurden, dass sie bewusst nicht wahrgenommen wurden (Kunde et al. 2003; Neumann u. Klotz 1994; Eimer u. Schlaghecken 1998; Wendt-Kürschner u. Goschke 2005).

Um nicht missverstanden zu werden: Mit dieser Argumentation soll weder die Bedeutung unbewusster Prozesse bei der Handlungssteuerung bestritten werden, noch soll der Eindruck erweckt werden, längerfristig wirkende bewusste Intentionen würden ihrerseits nicht ebenfalls auf neuronalen Prozessen beruhen und von vorauslaufenden Bedingungen abhängen. Tatsächlich sprechen zahlreiche Untersuchungen aus der Motivations- und Sozialpsychologie dafür, dass auch komplexere alltägliche Ziele und Absichten mitunter unbewusst aktiviert werden können und das Verhalten beeinflussen, ohne dass die Person sich der eigentlichen Ursachen bewusst wird (für Übersichten vgl. Wegner 2002; Wilson 2002). Was die vorangehende Argumentation allerdings zeigen sollte, ist, dass Ergebnisse wie die von Libet für sich genommen nicht zeigen, dass bewusste Absichten überhaupt keine kausale Rolle bei der Handlungssteuerung spielen, sondern dass diese Rolle indirekter ist, als direkt einfache Bewegungen auszulösen.

Ich oder mein Gehirn? Zur Hartnäckigkeit dualistischer Intuitionen

Es gibt allerdings noch einen tiefer liegenden Grund dafür, warum Ergebnisse wie die von Libet solches Aufsehen erregt haben. Dieser Grund hat mit tief verwurzelten dualistischen Intuitionen zu tun, denen zufolge bewusste Absichten und unbewusste Gehirnprozesse als zwei alternative Ursachen für Verhalten interpretiert werden, so dass die Frage sinnvoll scheint, ob »Ich« oder »mein Gehirn« in einem konkreten Fall das Verhalten ausgelöst hat. Waren es unbewusste Gehirnprozesse, die die Entscheidung gefällt haben, so die Schlussfolgerung, dann war nicht *Ich* es, mehr noch, dann war es eigentlich gar nicht wirklich eine Entscheidung, sondern ein mechanistischer neuronaler Prozess. Ohne hier auf die grundsätzlichen Probleme eingehen zu können, die mit der Annahme eines Dualismus von Geist und Gehirn verbunden sind (vgl. zum Beispiel Beckermann 2004), sei hier nur auf den einen Punkt hingewiesen, dass es aus einer kompatibilistischen Sicht kein Widerspruch ist, dass ein Verhalten das Resultat einer bewussten Entscheidung war und dieser Entscheidung gleichzeitig ein kausal determinierter neuronaler Prozess zugrunde lag. Vielmehr beruhen – nach allem was wir wissen – *alle* (bewussten wie unbewussten) mentalen Prozesse auf neuronalen Vorgängen im Gehirn. Dass psychische Prozesse neuronal realisiert sind, ist aber für die Frage, ob es sich um eine rationale Entscheidung oder einen angeborenen Reflex handelt, zunächst vollkommen irrelevant. Die vernunftgeleitete Entscheidung, die das Ergebnis einer Abwägung der Vor- und Nachteile verschiedener Handlungsalternativen ist, beruht nicht weniger auf Gehirnprozessen als der automatisch durch einen Reiz ausgelöste Reflex (tatsächlich gibt es erste Untersuchungen dazu, wie die Verrechnung von Erfolgswahrscheinlichkeiten und antizipiertem

Nutzen bei Entscheidungen zwischen alternativen Handlungsoptionen auf neuronaler Ebene realisiert sein könnte; zum Beispiel Glimcher u. Rustichini 2004). Das ändert aber nichts daran, dass es weiterhin sinnvoll ist, auf einer abstrakteren Beschreibungsebene zwischen zielgerichteten Handlungen und Reflexen zu unterscheiden (vgl. Beckermann 2004).

Aus dieser Perspektive ist es wenig erstaunlich, dass wir uns mitunter über die wahren Ursachen unseres Verhaltens täuschen können. Bereits David Hume (1739) hatte darauf hingewiesen, dass das bewusste Willenserleben und das Gefühl, Urheber der eigenen Handlungen zu sein, nicht einen direkten und unfehlbaren introspektiven Zugang zu den Determinanten unseres Verhaltens spiegelt, sondern auf einer *Interpretation* von beobachteten Zusammenhängen zwischen Gedanken und Handlungen beruht. Insofern erschließen wir die Tatsache, dass eine Handlung durch bestimmte mentale Zustände (zum Beispiel eine bewusste Intention) verursacht wurde, im Prinzip auf die gleiche Weise, in der wir andere Ursache-Wirkungs-Beziehungen in der Welt erschließen. Der Sozialpsychologe Daniel Wegner (2002) hat drei Bedingungen spezifiziert, von denen es abhängt, ob wir eine Handlung als durch unsere Gedanken beziehungsweise Absichten verursacht erleben. Nach seiner Hypothese ist dies insbesondere dann der Fall, wenn der Gedanke an die Handlung hinreichend kurz vor der Handlung erlebt wird (*Priorität*), wenn der Gedanke sich auf den intendierten Handlungseffekt bezieht (*Konsistenz*) und wenn es keine anderen, plausibleren Erklärungen für die Handlung gibt (*Exklusivität*). Wenn diese Hypothese zutrifft, muss das subjektive Willenserleben nicht immer die tatsächlichen kausalen Beziehungen zwischen Absichten und Handlungen abbilden, sondern Personen sollten sich mitunter darüber täuschen können, ob sie Urheber bestimmter Handlungen beziehungsweise Handlungseffekte sind (Wegner 2002). Tatsächlich lassen sich solche Willenstäuschungen experimentell induzieren. So hatten Probanden in höherem Maß den Eindruck, bestimmte Ereignisse durch ihre eigenen Handlungen zu verursachen, obwohl diese Ereignisse in Wirklichkeit völlig zufällig erschienen und nicht durch die Probanden kontrolliert werden konnten, wenn unmittelbar vor jeder

Handlung eine Repräsentation des nachfolgenden Ereignisses durch die Darbietung eines unterschwelligen Reizes aktiviert wurde (Aarts et al. 2005; Linser u. Goschke 2005). Dies spricht dafür, dass der bewusste Eindruck, Verursacher eines Handlungseffekts zu sein, darauf beruht, dass der Effekt vor der Handlung bereits antizipiert wurde.

Einige Autoren wie Wegner haben aus solchen Befunden den Schluss gezogen, dass das bewusste Willenserleben eine Illusion ist: »conscious will is an illusion – in the sense that *the experience of consciously willing an action is not a direct indication that the conscious thought has caused the action*« (Wegner 2002, S. 2). Hier ist allerdings kritisch einzuwenden, dass aus der Tatsache, dass das Willenserleben auf einer prinzipiell fehlbaren *Ursacheninterpretation* beruht, natürlich nicht notwendig folgt, dass es uns stets täuscht – genauso wenig wie aus der Existenz von Wahrnehmungstäuschungen folgt, dass unsere Wahrnehmung eine Illusion ist (Goschke u. Walter, in Vorb.). Im Gegenteil gibt es gute Gründe dafür anzunehmen, dass die Mechanismen, auf denen das subjektive Willenserleben beruht, normalerweise zutreffende Ergebnisse liefern. So spricht vieles dafür, dass der subjektive Eindruck, Verursacher eines Handlungseffekts zu sein, auf den gleichen Antizipationsprozessen beruht, die ich als kognitive Voraussetzung für die willentliche Handlungssteuerung beschrieben hatte. Indem wir antizipierte Handlungseffekte kontinuierlich mit den tatsächlich nach unseren Handlungen eintretenden Ereignissen vergleichen, lernen wir nicht nur, Handlungseffekte immer besser zu antizipieren, sondern wir können auch zunehmend zutreffender einschätzen, ob Ereignisse durch unsere eigenen Handlungen oder durch etwas anderes verursacht wurden (Elsner u. Hommel 2001; Goschke u. Walter, in Vorb.; vgl. auch Blakemore et al. 2002; Wolpert u. Kawato 1998; Jeannerod u. Pacherie 2004).

Schlussfolgerungen: Was können wir sinnvollerweise wollen, wenn wir willensfrei sein wollen?

Ich habe in diesem Beitrag zunächst dafür argumentiert, dass die Idee einer unbedingten Willensfreiheit inkohärent und unvereinbar mit einem naturalistischen Weltbild ist. Darüber hinaus habe ich unter Rekurs auf empirische Ergebnisse der Kognitions- und Neurowissenschaften gegen die Vorstellung argumentiert, dass es eine innere zentrale Kontrollinstanz gibt, die willentliche Bewegungen auswählt, auslöst und kontrolliert. Das konstruktive Ziel dieses Beitrags bestand darin, eine alternative Konzeption von Willenshandlungen zu skizzieren, die vereinbar mit der Annahme ist, dass unsere Entscheidungen und Handlungen kausal determiniert sind, ohne die funktionalen Besonderheiten zu leugnen, die willentliche Handlungen von unwillkürlichen Reflexen unterscheiden. Insbesondere habe ich zu zeigen versucht, dass Willenshandlungen sich ungeachtet ihrer kausalen Determiniertheit in nicht trivialer Hinsicht von Reflexen unterscheiden. Im Vergleich zu einfacheren Formen der Verhaltenssteuerung zeichnen sich Willenshandlungen durch einen immensen Zuwachs an Freiheitsgraden aus, insofern sie nicht in starrer Weise durch Reize ausgelöst werden, sondern durch mental repräsentierte Ziele und antizipierte Bedürfnisse determiniert werden.

Inwieweit kann eine solche Konzeption den eingangs beschriebenen Intuitionen gerecht werden, insbesondere dem Eindruck, unter identischen Bedingungen anders handeln zu können und Urheber der eigenen Handlungen zu sein? Natürlich lassen sich diese Intuitionen nicht in ihrer extremen, sondern nur in einer modifizierten Form aufrechterhalten. An die Stelle der Intuition, unter identischen Bedingungen auch anders handeln zu können, tritt dabei die Flexibilität und Reizunabhängigkeit antizipationsgesteuerter Handlungen, die sich darin manifestiert, dass wir in Abhängigkeit von den jeweils aktivierten Zielrepräsentationen in nahezu beliebiger Weise auf den gleichen Reiz reagieren können. An die Stelle der Vorstellung eines unverursachten Verursachers, der neue Kausalketten initiieren kann, ohne dabei von irgendwelchen Vorbedingungen abzuhängen, tritt die Konzeption eines autonomen

Agenten, dessen Verhalten in dem Sinne *selbstdeterminiert* ist, dass es durch antizipierte Handlungseffekte und mental repräsentierte Ziele determiniert wird.

Für Kompatibilisten ist dies nicht nur die einzige Form von Willensfreiheit, die wir im Rahmen eines naturalistischen Weltbildes vernünftigerweise verlangen können, sondern auch die Willensfreiheit, an der uns vernünftigerweise gelegen sein sollte, da eine unbedingte, libertarische Freiheit lediglich darauf hinauslaufen würde, dass unsere Handlungen Zufallsereignisse sind, die in keinem sinnvollen Zusammenhang zu uns stehen (Bieri 2001; Dennett 1984). Nichtsdestotrotz bleibt bei vielen Menschen der Eindruck bestehen, dass es sich bei einer solchen Form von bedingter Willensfreiheit und der damit verbundenen Form von Autonomie und Selbstkontrolle letztlich doch nur um eine Willensfreiheit »zweiter Klasse« handelt. In dieser Reaktion manifestiert sich die tief verwurzelte Vorstellung, dass »echte« Willensfreiheit voraussetzt, dass wir *Letztverursacher* unserer Handlungen sind und wir nur dann *wirklich* verantwortlich für unsere Handlung sind, wenn es keine weiteren Ursachen *außerhalb* von uns gibt, die diese Handlungen bestimmen. Die Möglichkeit einer solchen Letztverursachung ist genau das, was kompatibilistische Willenstheorien verneinen. Zwar mögen wir aufgrund der kognitiven Kapazitäten unseres Gehirns in der Lage sein, Handlungen aufgrund einer Bewertung ihrer antizipierten Folgen im Lichte unserer Überzeugungen, Wünsche, Motive und Ziele auszuwählen. Da aber all diese Prozesse ihrerseits durch vorauslaufende Bedingungen (unsere Lerngeschichte, unsere Gene) vollständig kausal determiniert sind, scheint es, als ob unsere Handlungen in Wirklichkeit nicht durch uns, sondern durch jene vorauslaufenden Ereignisse verursacht werden, über die wir letztlich keine Kontrolle haben – mögen unsere kognitiven Fähigkeiten auch noch so beeindruckend sein (vgl. dazu van Inwagen 1983).

Dass diese Intuition so stark ist, hat möglicherweise selbst eine evolutionspsychologische beziehungsweise neurowissenschaftliche Erklärung. So gibt es Hinweise darauf, dass wir über zwei unabhängige kognitive Systeme zur Wahrnehmung von Kausalität verfügen: eines, das der Wahrnehmung von kausalen Beziehungen

Der bedingte Wille 147

zwischen unbelebten Objekten zugrunde liegt (Blakemore et al. 2001), und eines, dass der intentionalen Interpretation von autonomen Agenten zugrunde liegt, die wir als mit einem inneren Antrieb (einem Geist oder Bewusstsein) ausgestattet repräsentieren (Baron Cohen 2000; Gallagher u. Frith 2003). Die Fähigkeit, anderen Lebewesen intentionale Zustände (Überzeugungen, Wünsche) zuzuschreiben und ihr Verhalten als durch diese Zustände verursacht wahrzunehmen, wird als Alltagspsychologie (Fodor 1987), intentionale Einstellung (Dennett 1987) oder Theorie des Geistes (Premack u. Woodruff 1978) bezeichnet und beruht möglicherweise auf einem spezialisierten kognitiven System (Baron Cohen 2000; Saxe et al. 2004). Dafür spricht beispielsweise, dass Personen, die an Autismus leiden, bei Aufgaben beeinträchtigt sind, die eine Anwendung der »Alltagspsychologie« erfordern, also die Fähigkeit, anderen Individuen intentionale Zustände zuzuschreiben und ihr Verhalten als durch innere mentale Zustände verursacht zu betrachten. Dagegen schneiden diese Personen häufig sehr gut in Aufgaben ab, bei denen es darum geht, wie sich physikalische Objekte (zum Beispiel Teile einer Maschine) bewegen, die also auf unsere »Alltagsphysik« rekurrieren (Baron Cohen 2000). Das legt die spekulative Vermutung nahe, dass unser intuitives System zur Intentionalitätswahrnehmung in uns die starke Neigung erzeugt, Personen automatisch als »unverursachte Verursacher« wahrzunehmen (Scholl u. Tremoulet 2000). Dies könnte erklären, warum wir Agenten nur dann als verantwortlich für ihr Verhalten betrachten, wenn wir ihr Verhalten vollständig als durch nicht direkt beobachtbare innere Zustände determiniert wahrnehmen und nicht auf äußere Einflüsse zurückführen. Umgekehrt könnte dies erklären, warum wir Entitäten, die wir als durch äußere Kräfte determinierte (physikalische) Objekte betrachten, intuitiv nicht mehr als intentionale, mit einem eigenen Willen ausgestattete und verantwortliche Wesen betrachten. Eine Entität als unverursachten Verursacher zu sehen, könnte also intuitiv eine Bedingung dafür sein, die Entität als verantwortlichen Urheber ihres Verhaltens zu betrachten (Greene u. Cohen 2004).

Unabhängig davon, ob diese Überlegungen unsere libertarischen Intuitionen tatsächlich erklären, müssen sich kompatibilistische Ansätze mit dem Problem auseinander setzen, ob eine Konzeption bedingter Willensfreiheit eine tragfähige Grundlage für die Zuschreibung individueller Verantwortung ist. Da kompatibilistische Ansätze die Vorstellung von Personen als Letztverursachern ablehnen, besteht dabei die entscheidende Herausforderung darin zu zeigen, wie zwischen Verhaltensdeterminanten unterschieden werden kann, die in der Person liegen beziehungsweise zu »ihrem Selbst« gehören, und solchen, die nicht zur Person gehören. Dazu reicht es sicher nicht, die Körperoberfläche als Grenze zu definieren, da auch »innere« Determinanten häufig als dem eigenen Selbst »fremd« betrachtet werden (zum Beispiel Zwangshandlungen oder Suchtverhalten). Darüber hinaus wird zu klären sein, inwieweit auch implizite Motive, Einstellungen und Präferenzen, zu denen wir nur einen beschränkten bewussten Zugriff haben, als zum »Selbst« gehörig betrachtet werden sollten (Goschke u. Bolte 2002; Goschke 1997b; Kuhl 2001; Lieberman 2003; Wilson 2002).

Die damit angesprochene *moralphilosophische* Frage nach den Bedingungen individueller Verantwortung kann in diesem Beitrag nicht behandelt werden, sondern erfordert eine eigene Analyse. In jedem Fall kann aber an dieser Stelle festgehalten werden, dass auch für diese Frage libertarische Konzeptionen unbedingter Willensfreiheit keine ernst zu nehmende Alternative darstellen. Die Vorstellung, wir könnten unverursachte Verursacher sein, die in ihren Entscheidungen und Handlungen von *nichts* abhängen, ist es gerade, die unvereinbar damit ist, dass wir verantwortliche Urheber rationaler Handlungen sind – mögen unsere libertarischen Intuitionen auch noch so stark sein. In den Freiheitsgraden des Verhaltens, die sich aus der Fähigkeit zur antizipativen Verhaltensselektion und zur Selbstkontrolle ergeben, liegt insofern die einzige Form von Willensfreiheit begründet, die wir in einem naturalistischen Weltbild verlangen können.

Danksagung

Die Arbeit an diesem Kapitel und meine empirische Forschung zum Thema wurden durch Sachbeihilfen der Volkswagen-Stiftung (II/78014 und II/80774) und der Deutschen Forschungsgemeinschaft (Go 720/3-2) unterstützt. Ich danke Katrin Linser und Juliane Wendt für ihr Engagement bei den gemeinsam durchgeführten Experimenten und Sabine Döring, Stefanie Duttweiler, Henrik Walter, Sabine Maasen, Wolfgang Prinz, Thomas Splett, Barbara Sutter, Wilhelm Vossenkuhl, Till Vierkant und Bettina Walde für viele anregende Diskussionen im Rahmen des interdisziplinären Projekts »Willenshandlungen«.

Literatur

Aarts, H.; Custers, R.; Wegner, D. M. (2005): On the inference of personal authorship: Enhancing experienced agency by priming effect information. Consciousness and Cognition 14: 439–458.

Allport, D. A. (1993): Attention and control: Have we been asking the wrong questions? A critical review of twenty-five years. In: Meyer, D. E.; Kornblum, S. (Hg.): Attention and performance 14: Synergies in experimental psychology, artificial intelligence, and cognitive neuroscience. Cambridge, MA, S. 183–218.

Aron, A. R.; Robbins, T. W.; Poldrack, R. A. (2004): Inhibition and the right inferior frontal Kortex. Trends in Cognitive Sciences. 8: 170–177.

Asaad, W. F.; Rainer, G.; Miller, E. K. (2000): Task-specific neural activity in the primate pre-frontal cortex. Journal of Neurophysiology. 84: 451–459.

Baddeley, A. (1986): Working memory. Oxford.

Baron Cohen, S. (2000): Autism: deficits in folk psychology exist alongside superiority in folk physics. In: Baron Cohen, S.; Tager-Flusberg, H.; Cohen, D. (Hg.): Understanding other minds: perspectives from autism and developmental cognitive neuroscience. New York, S. 78–82.

Beauregard, M.; Lévesque, J.; Bourgouin, P. (2001): Neural correlates of conscious self-regulation of emotion. Journal of Neuroscience 21: RC165, 1–6.

Beckermann, A. (2004): Schließt biologische Determiniertheit Freiheit aus? In: Hermanni, F.; Koslowski, P. (Hg.): Der freie und der unfreie Wille – Philosophische und theologische Perspektiven. Paderborn.

Bieri, P. (2001): Das Handwerk der Freiheit. München.

Bischof, N. (1989): Emotionale Verwirrungen Oder: Von den Schwierigkeiten im Umgang mit der Biologie. Psychologische Rundschau 46: 77–90.

Blakemore, S.-J.; Fonlupt, P.; Pachot-Clouard, M.; Carmon, C.; Boyer, P.; Meltzoff, A. N.; Segebarth, C.; Decety, J. (2001): How the brain perceives causality: an event-related fMRI study. NeuroReport 12: 3741–3746.

Blakemore, S.-J.; Wolpert, D. M.; Frith, C. D. (2002): Abnormalities in the awareness of action. Trends in Cognitive Science 6/6: 237–242.

Brandimonte, M.; Einstein, G.; McDaniel, M. (Hg.) (1996): Prospective memory: Theory and applications. Hillsdale, NJ.

Brass, M.; von Cramon, D. Y. (2002): The role of the frontal cortex in task preparation. Cerebral Cortex 12: 908–914.

Bratman, M. E. (1987): Intention, plans, and practical reason. Cambridge.

Braver, T.; Bongiolatti, S. R. (2002): The role of frontopolar cortex in subgoal processing during working memory. NeuroImage 15: 523–536.

Braver, T. S.; Cohen, J. D.; Nystrom, L. E.; Jonides, J.; Smith, E. E.; Noll, D. C. (1997): A parametric study of prefrontal cortex involvement in human working memory. Neuroimage 5: 49–62.

Carlin, D.; Bonerba, J.; Phipps, M.; Alexander, G.; Shapiro, M.; Grafman, J. (2000): Planning impairments in frontal lobe dementia and frontal lobe lesion patients. Neuropsychologia 38: 655–665.

Chao, L. L.; Knight, R. T. (1998): Contribution of human prefrontal cortex to delay performance. Journal of Cognitive Neuroscience 10: 167–177.

Dennett, D. C. (1984): Elbow Room: The varieties of free will worth wanting. Oxford.

Dennett, D. C. (1987): The intentional stance. Cambridge, MA.

Dennett, D. C. (2003): Freedom evolves. New York.

Diaz, R. M.; Berk, L. E. (1992): Private speech. From social interaction to self-regulation. Hillsdale, NJ.

Dörner, D. (1999): Bauplan für eine Seele. Reinbek.

Earman, J. (1986): A primer on determinism. Dordrecht.

Eichenbaum, H. (2002): The cognitive neuroscience of memory. Oxford.

Eimer, M.; Schlaghecken, F. (1998): Effects of masked stimuli on motor activation: Behavioral and electrophysiological evidence. Journal of Experimental Psychology: Human Perception u. Performance 24: 1737–1747.

Elsner, B.; Hommel, B. (2001): Effect anticipation and action control. Journal of Experimental Psychology: Human Perception and Performance 27(1): 229–240.

Emerson, M. J.; Miyake, A. (2003): The role of inner speech in task switching: A dual-task investigation. Journal of Memory and Language 48: 148–168.

Fodor, J. A. (1987): Psychosemantics: the problem of meaning in the philosophy of mind. Cambridge, MA.

Fuster, J. M. (1989): The prefrontal cortex: Anatomy, physiology, and neuropsychology of the frontal lobe. 2. Auflage. New York.

Fuster, J. M.; Alexander, G. E. (1971): Neuron activity related to short-term memory. Science 173: 652–54.

Gallagher, H. L.; Frith, C. D. (2003): Functional imaging of ›theory of mind‹. Trends in Cognitive Sciences 7: 77–83.

Glimcher, P. W.; Rustichini, A. (2004): Neuroeconomics: The consilience of brain and decision. Science 306: 447–452.

Gollwitzer, P. M.; Bayer; (1999): Deliberative versus implemental mindsets in the control of action. In: Chaiken, S.; Trope, Y. (Hg.): Dual process theories in social psychology. New York, S. 403–422.

Gomes, G. (2002): The interpretation of Libet‹s results on the timing of conscious events: A commentary. Consciousness and Cognition 11: 221–230.

Goschke, T. (1996a): Wille und Kognition. Zur funktionalen Architektur der intentionalen Handlungssteuerung. In: Kuhl, J.; Heckhausen, H. (Hg.): Enzyklopädie der Psychologie Serie IV. Band 4: Motivation, Volition und Handeln. Göttingen, S. 583–663.

Goschke, T. (1996b): Lernen und Gedächtnis: Mentale Prozesse und Gehirnstrukturen. In: Roth, G.; Prinz, W. (Hg.): Kopf-Arbeit: Gehirnfunktionen und kognitive Leistungen. Heidelberg, S. 359–410.

Goschke, T. (1997a): Zur Funktionsanalyse des Willens: Integration kognitions-, motivations- und neuropsychologischer Perspektiven. Psychologische Beiträge. 39: 375–412.

Goschke, T. (1997b): Implicit learning and unconscious knowledge: Mental representation, computational mechanisms, and neural structures. In: Lamberts, K.; Shanks, D. (Hg.): Knowledge, concept and categories. Hove, UK, S. 247–333.

Goschke, T. (2000): Involuntary persistence and intentional reconfiguration in task-set switching. In Monsell, S.; Driver, J. (Hg.): Attention and Performance. XVIII: Control of Cognitive Processes. Cambridge, MA, S. 331–356.

Goschke, T. (2002): Volition und kognitive Kontrolle. In: Müsseler, J.; Prinz, W. (Hg.): Allgemeine Psychologie. Heidelberg, S. 271–335.

Goschke, T. (2003): Voluntary action and cognitive control from a cognitive neuroscience perspective. In: Maasen, S.; Prinz, W.; Roth, G. (Hg.): Voluntary action. An issue at the Interface of nature and culture. Oxford, S. 49–85.

Goschke, T. (2004): Vom freien Willen zur Selbstdetermination. Kognitive und volitionale Mechanismen der intentionalen Handlungssteuerung. Psychologische Rundschau 55: 186–197.

Goschke, T. (in Vorb.): Exekutive Funktionen: Kognitive Kontrolle intentionaler Handlungen. In: Pawlik, K. (Hg.): Handbuch der Psychologie. Berlin.

Goschke, T.; Bolte, A. (2002): Emotion, Kognition und Intuition: Implikationen der empirischen Forschung für das Verständnis moralischer Urteilsprozesse. In: Döring, S. A.; Mayer, V. (Hg.): Die Moralität der Gefühle. Sonderband der Deutschen Zeitschrift für Philosophie 4: 39–57.

Goschke, T.; Kuhl, J. (1993): The representation of intentions: Persisting activation in memory. Journal of Experimental Psychology: Learning, Memory, and Cognition 19: 1211–1226.

Goschke, T.; Kuhl, J. (1996): Remembering what to do: Explicit and implicit memory for intentions. In: Brandimonte, M.; Einstein, G.; McDaniel, M. (Hg.), Prospective memory: Theory and applications Hillsdale, NJ, S. 53–91.

Goschke, T.; Walter, H. (in Vorb.): Bewusstsein und Willensfreiheit: Philosophische und empirische Annäherungen. In: Herrmann, C.; Pauen, M.; Rieger, J.; Schicktanz, S. (Hg.), Bewusstsein – Perspektivenwechsel zwischen den Disziplinen. Stuttgart.

Greene, J.; Cohen, J. (2004): For the law, neuroscience changes nothing and everything. Philosophical Transactions of the Royal Society London B 359: 1775–1785.

Gruber, O.; Goschke, T. (2004): Executive control emerging from dynamic interactions between brain systems mediating language, working memory and attentional processes. Acta Psychologica 115: 105–121.

Gruber, O.; Karch, S.; Schlueter, Falkai, E. P.; Goschke, T. (2005): Neural mechanisms of advance preparation in task switching. (eingereicht)

Hacker, W. (1998): Allgemeine Arbeitspsychologie. Psychische Struktur und Regulation von Arbeitstätigkeiten. Bern u. a.

Haggard, P.; Eimer, M. (1999): On the relation between brain potentials and the awareness of voluntary movements. Experimental Brain Research 126: 128–133.

Hoffmann, J. (1993): Vorhersage und Erkenntnis. Göttingen.

Hommel, B. (2000): The prepared reflex: automaticity and control in stimulus-response translation. In: Monsell, S.; Driver, J. (Hg.): Control of cognitive processes: Attention and Performance. XVIII. Cambridge, MA, S. 247–273.

Hume, D. (1739): A treatise of human nature. Oxford.

James, W. (1890): The principles of psychology. New York.

Jeannerod, M.; Pacherie, E. (2004): Agency, Simulation and Self-identification. Mind u. Language. 19: 113–146.

Johnson-Laird, P. N. (1988): The computer and the mind. Cambridge, MA.

Kane, R. (1996): The Significance of Free Will. Oxford.

Kane, R. (Hg.) (2002): The Oxford Handbook of Free Will. Oxford.

Kuhl, J. (1985): Volitional mediators of cognitive-behavior consistency: Self-regulatory processes and actions versus state orientation. In: J. Kuhl; J. Beckmann (Hg.), Action control: From cognition to behavior. Berlin, u. a., S. 101–128.

Kuhl, J. (1996): Wille und Freiheitserleben. Formen der Selbststeuerung. In Kuhl, J.; Heckhausen, H. (Hg.): Enzyklopädie der Psychologie Serie IV. Band 4: Motivation, Volition und Handlung. Göttingen, S. 665–765.

Kuhl, J. (2001): Motivation und Persönlichkeit: Interaktionen psychischer Systeme. Göttingen.

Kuhl, J.; Kraska, K. (1992): Der Selbstregulations- und Konzentrationstest für Kinder (SRKT-K). Göttingen.

Kunde, W.; Kiesel, A.; Hoffmann, J. (2003): Conscious control over the content of unconscious cognition. Cognition 88: 223–242.

LeDoux, J. E. (1996): Emotion circuits in the brain. Annual Review of Neuroscience 23: 155–184.

Leung, H.-C.; Skudlarski, P.; Gatenby, J. C.; Peterson, B. S.; Gore, J. C. (2000): An event-related functional MRI study of the Stroop color word interference task. Cerebral Cortex 10: 552–560.

Lhermitte, F. (1983): ›Utilization behavior‹ and its relation to lesions of the frontal lobes. Brain 106: 237–255.

Libet, B. (1985): Unconscious cerebral initiative and the role of conscious will in voluntary action. Behavioral and Brain Sciences 2: 529–566.

Libet, B.; Gleason, C. A.; Wright, E. W.; Perl, D. (1983): Time of conscious intention to act in relation to cerebral activities (readiness potential). The unconscious initiation of a freely voluntary act. Brain. 102: 193–224.

Lieberman, M. D. (2003): Reflective and Reflexive Judgment Processes: A Social Cognitive Neuroscience Approach. In: Forgas J. P.; Williams, K. R.; von Hippel, W. (Hg.), Social judgments: Explicit and implicit processes. New York, S. 44–67.

Linser, K.; Goschke, T. (2005): Unconscious priming of conscious will. (eingereicht)

Luria, A. R. (1961): The role of speech in regulation of normal and abnormal behavior. London.

MacDonald, A. W.; Cohen, J. D.; Stenger, V. A.; Carter, C. S. (2000): Dissociating the role of the dorsolateral prefrontal and anterior cingulate cortex in cognitive control. Science 288: 1835–1838.

Markowitsch, H. J. (1992): Neuropsychologie des Gedächtnisses. Göttingen.

Markowitsch, H. J. (2004): Warum wir keinen freien Willen haben. Der sogenannte freie Wille aus Sicht der Hirnforschung. Psychologische Rundschau 55: 163–168.

McClure, S. M.; Laibson, D. I.; Loewenstein, G.; Cohen, J. D. (2004): Separate neural systems value immediate and delayed monetary rewards. Science 306: 503–507.

Miller, E. (2000): The prefrontal cortex and cognitive control. Nature Reviews Neuroscience 1: 59–65.

Miller, E. K.; Cohen, J. D. (2001): An integrative theory of prefrontal cortex function. Annual Review of Neuroscience 24: 167–202

Miller, G. A.; Galanter, E.; Pribram, K. H. (1960): Plans and the structure of behavior. New York.

Milner, B. (1963): Effects of different brain lesions on card-sorting. Archives of Neurology. 9: 90–100.

Mischel, W. (1996): From good intentions to willpower. In: Gollwitzer, P. M.; Bargh, J. A. (Hg.), The psychology of action: Linking cognition and motivation to behavior. S. 197–218. New York.

Monsell, S.; Driver, J. (Hg.) (2000): Attention and performance XVIII: Control of cognitive processes. Cambridge, MA.

Neumann, O. (1992): Theorien der Aufmerksamkeit: Von Metaphern zu Mechanismen. Psychologische Rundschau 43: 83–101.

Neumann, O.; Klotz, W. (1994): Motor responses to nonreportable, masked stimuli: where is the limit of direct parameter specification? In: Moscovitch M.; Umiltá, C. (Hg.): Attention u. Performance. XV: Conscious and unconscious information processing. Cambridge, MA, S. 123–150.

Neumann, O.; Prinz, W. (1987): Kognitive Antezedenzien von Willkürhandlungen. In: Heckhausen, H.; Gollwitzer, P. M.; Weinert, F. E. (Hg.), Jenseits des Rubikon: Der Wille in den Humanwissenschaften. Berlin, S. 195–215.

Norman, D. A.; Shallice, T. (1986): Attention to action: willed and automatic control of behavior. In: Davidson, R. J.; Schwartz, G. E.; Shapiro, D. (Hg.): Consciousness and self-regulation: Advances in research, 4. New York, S. 1–18.

Ochsner, K. N.; Bunge, S. A.; Gross, J. J.; Gabrieli, J. D. (2002): Rethinking feelings: an FMRI study of the cognitive regulation of emotion. Journal of Cognitive Neuroscience 14: 1215–1229.

Pauen, M. (2001): Freiheit und Verantwortung. Wille, Determinismus und der Begriff der Person. Allgemeine Zeitschrift für Philosophie 1: 23–44.

Premack, D.; Woodruff, G. (1978): Does the chimpanzee have a theory of mind? Behavioral and Brain Sciences 4: 515–526.

Prinz, W. (1998): Die Reaktion als Willenshandlung. Psychologische Rundschau 49 (1): 10–20.

Prinz, W. (2004): Kritik des Freien Willens – Bemerkungen über eine soziale Institution. Psychologische Rundschau 55: 198–206.

Ramnani, N.; Owen, A. M. (2004): Anterior prefrontal cortex: insights into function from anatomy and neuroimaging. Nature Reviews Neuroscience 5: 184–194.

Rösler, F. (in Vorb.): Neuronale Korrelate der Handlungsausführung. Zur Validität der Experimente von Libet (1983). In: Stederoth, D.; Köchy, K. (Hg.): Willensfreiheit als interdisziplinäres Problem. Freiburg.

Roth, G. (2001): Fühlen, Denken, Handeln. Frankfurt a. M.

Rubinstein, S. L. (1984): Grundlagen der allgemeinen Psychologie. 10. Auflage. Berlin.

Saxe, R.; Carey, S.; Kanwisher, N. (2004): Understanding other minds: liking developmental psychology and functional neuroimaging. Annual Review of Psychology 55: 87–124.

Scholl, B. J.; Tremoulet, P. D. (2000): Perceptual causality and animacy. Trends in Cognitive Sciences 4: 299–309.

Shallice, T. (1982): Specific impairments of planning. Philosophical Transactions of the Royal Society London B 298: 199–209.

Shallice, T. (2002): Fractionation of the supervisory system. In Stuss, D. T.; Knight, R. T. (Hg.), Frontal lobe function. Oxford, S. 261–277.

Shallice, T.; Burgess, P. W.; Schon, F.; Baxter, D. M. (1989): The origins of utilization behaviour. Brain 112: 1587–1598.

Singer, W. (2004): Verschaltungen legen uns fest: Wir sollten aufhören, von Freiheit zu sprechen. In: Geyer, C. (Hg.): Hirnforschung und Willensfreiheit. Frankfurt a. M., S. 30–65.

Sohn, M.-H.; Ursu, S.; Anderson, J. R.; Stenger, V. A.; Carter, C. S. (2000): The role of prefrontal cortex and posterior parietal cortex in task switching. Proceedings of the National Academy of Sciences USA 97: 13448–13453.

Stroop, J. R. (1935): Studies of interference in serial verbal reactions. Journal of Experimental Psychology 18: 643–662.

Stuss, D. T.; Knight, R. T. (2002): Frontal lobe function. Oxford.

Tinbergen, N. (1951): The study of instinct. London.

Trevena, J. A.; Miller, J. (2002): Cortical Movement Preparation before and after a conscious decision to move. Consciousness and Cognition 11: 162–190.

Tulving, E. (1983): Elements of episodic memory. New York.

Ullsperger, M.; Cramon, D. Y. von (2003): Funktionen frontaler Strukturen. In: Karnath, H.-O.; Thier, P. (Hg.): Neuropsychologie. Berlin u. a., S. 505–514.

van den Heuvel, O. A.; Groenewegen, H. J.; Barkhof, F; Lazeron, R. H. C.; van Dyck, R.; Veltmana, D. J. (2003): Frontostriatal system in planning complexity: a parametric functional magnetic resonance version of Tower of London task. NeuroImage 18: 367–374.

Van Inwagen, P. (1983): An essay on free will. Oxford.

Vygotski, L. S. (1962): Thought and language. Cambridge, MA.

Walter, H. (1999): Neurophilosophie der Willensfreiheit. Von libertarischen Illusionen zum Konzept natürlicher Autonomie. 2. Auflage. Paderborn.

Wegner, D. M. (2002): The illusion of conscious will. Cambridge, MA.

Wendt-Kürschner, J.; Goschke, T. (2005): The influence of unconscious effect representation on action control. Poster presented the Cognitive Neuroscience Society Annual Meeting, New York, USA.

Whalen, P. J.; Rauch, S. L.; Etcoff, N. L.; McInerney, S. C.; Lee, M. B.; Jenike, M. A. (1998): Masked presentations of emotional facial expressions modulate amygdala activity without explicit knowledge. Journal of Neuroscience 18: 411–418.

Wilson, T. D. (2002): Strangers to ourselves: Discovering the adaptive unconscious.

Wolpert, D. M.; Kawato, M. (1998): Multiple paired forward and inverse models for motor control. Neural Networks 11(7–8): 1317–1329.

Marc Borner

Philosophie der Hirnforschung – Faszinierend oder erschreckend?

Mit dem Jahr 2000 ging die in den USA ausgerufene Dekade des Gehirns zu Ende, doch gleich im Anschluss erklärte man in Deutschland die folgenden zehn Jahre zu einer weiteren Dekade des Gehirns. Zwei Dekaden für eine Materie – sie heben die besondere Beachtung hervor, welche dem Gehirn in unserer Zeit entgegengebracht wird. Wenn wir, wie auch Stekeler-Weithofer (2004) in seiner Zusammenfassung über die Gegenwartsphilosophie, mit Hegel der Philosophie die Aufgabe zuschreiben, ihre eigene Zeit auf den kanonischen Begriff zu bringen, so zeigt sich dies insbesondere in der Synthese von Neurowissenschaften und Philosophie. Die alte Trennlinie zwischen Natur- und Geisteswissenschaft erweist sich als obsolet. Aber auch heute noch halten viele Menschen gern an dieser Grenzsetzung fest und provozieren damit Konflikte, die angesichts der konstruktiven Möglichkeiten erschrecken. Vor allem die Neurowissenschaftler Gerhard Roth und Wolf Singer betonten immer wieder, dass Natur- und Geisteswissenschaften sich gegenseitig befruchten können. Dennoch mag dies in Bezug auf die Hirnforschung gerade oftmals von geisteswissenschaftlicher Seite niemand so richtig glauben. Sei es in wissenschaftlichen Publikationen, sei es in den Feuilletons der Zeitungen oder in Magazinen, an allen Orten versucht man sich des *Imperialismus* der Hirnforschung zu erwehren (Geyer 2004).

Hegels berühmtes Gleichnis von Knechtschaft und Herrschaft dagegen beurteilt das Verhältnis von Naturwissenschaft und Geisteswissenschaft sehr viel früher schon in einem angemesseneren Kontext (Hegel 1807/1970): Zwei Kontrahenten stehen sich gegenüber. Der eine ist Herr, der andere Knecht. Beide gehen in einen Kampf auf Leben und Tod. Und sie müssen es, denn erst darin können sie ihre je eigenberechtigte Existenz behaupten. Der Kampf wäre einfach, wäre da nicht die Tatsache, dass sich die eigene Existenz der Kontrahenten erst aus der Existenz des jeweils anderen ergibt. Beide sind aufeinander angewiesen und können nicht ohne einander existieren. Der Kampf um gegenseitige Anerkennung ist erbittert und dennoch darf ihn niemand gewinnen. Im endgültigen Sieg nämlich würde der eigene Untergang stecken. Die Definition des Knechts ergibt sich damit erst aus der Definition des Herrn, das Verständnis der Naturwissenschaft aus dem der Geisteswissenschaft und umgekehrt. Weder hätte Geisteswissenschaft ohne Empirie einen Gegenstand, noch hätte Naturwissenschaft ohne Theorie einen Zweck. Wie Herr und Knecht einander brauchen, so benötigen Geistes- und Naturwissenschaft sich beiderseits. Jeder ist Knecht. Jeder ist Herr. Jeweils kämpfen sie um gegenseitige Anerkennung und gelangen erst zu einem neuen Bewusstsein, wenn sie begriffen haben, dass in ihrem Kampf selbst die gegenseitige Anerkennung liegt.

Viele Menschen fühlen sich dennoch gut dabei, an der alten Trennung von Natur- und Geisteswissenschaft festzuhalten. Sie leben und lieben das Bewahrende, das Konservative. Neurowissenschaften dagegen kritisieren überkommene Idealismen, die vorwiegend eine wissenschaftliche und gesellschaftliche Fortentwicklung behindern und folgen damit einer Tradition, die bereits beim französischen Aufklärer Denis Diderot (1713–1784) in seiner Opposition gegen konservative Monarchen und Theologen begonnen hatte (Diderot 1746/1875). Der Hirnforscher Gerhard Roth (1996) drückt diese Diskrepanz von Befürwortung und Förderung empirischer Hirnforschung bei gleichzeitiger Ablehnung der mit ihr einhergehenden philosophischen Implikationen pointiert aus, wenn er erwähnt, dass bereits die Frage nach dem Zweck von Bewusstsein für die traditionelle Philosophie ein Sakrileg darstellt. Die fruchtbare Synthese von Neurowissenschaften und Philosophie birgt einen entscheidenden Vorteil gegenüber einer rein philosophischen beziehungsweise rein neurowissenschaftlichen Deutung. Sie kann nicht nur philosophisch erklären, warum es zu diesem konservativen Verhalten der Menschen kommt, sondern dies auch an der Empirie belegen. Der Grundgedanke ist einfach: Das Gehirn ist faul.

Das menschliche Denkorgan macht etwa zwei Prozent der Gesamtkörpermasse aus, verbraucht aber etwa zwanzig Prozent des gesamten zur Verfügung stehenden Sauerstoffs. Gehirnprozesse kosten extrem viel Energie. Besonders aufwändig ist das Anlegen neuer Pfade, was vor neurophysiologisch-philosophischem Hintergrund sich auch für das Fassen neuer Gedanken als relevant erweist. Flexibles, kritisches Denken kann daher mit Sport verglichen werden, welcher dem Einrosten der Denkmaterie entgegenwirkt. Auch aus bloßer Energiesparsamkeit neigen Menschen daher zum Konservatismus. Eben deshalb befürchtet Gerhard Roth (2003b) Widerstand gegen neurowissenschaftlich begründete philosophische Theorien. Diesen Konservatismus erleben wir alltäglich. Wir sprechen von »sturen alten Köpfen«. Wir sehen auf die Wahlergebnisse zum Bundestag und erleben im Großen und Ganzen beinahe keine Veränderungen. Das fascinosum et tremendum der Neurowissenschaften können wir uns auch verdeutlichen, indem wie einen Blick aus unserem Fenster werfen. Der Wetterdienst hatte vielleicht Regen und kräftige Windböen angekündigt, aber draußen scheint die Sonne und einige Schäfchenwolken ziehen am Himmel vorbei. Was ist hier passiert? Nichts Bedeutendes. Meteorologen haben sich in der faszinierenden Möglichkeit einer Vorhersage geirrt. Wie aber könnten sie sich irren? Sind ihnen denn nicht alle physikalischen und mathematischen Gesetze bekannt? Besteht nicht außerdem noch ein beständiger Zugriff auf Informationen von Satelliten? Nicht genug Informationen, könnten wir entgegnen. Das Gebilde »Wetter« sei zu komplex und unvorhersehbar. Wie aber zu komplex und unvorhersehbar? In keiner Weise wundert es uns, dass das Wetter nicht genau vorhergesagt werden kann. Genau das aber fürchten wir an der Hirnforschung. Uns erschreckt der Gedanke, diese könne unser Verhalten, Erleben und Bewusstsein vorhersagen und zudem gegebenenfalls manipulieren. Unser Ich – eine Marionette? Eine Skizze über aktuelle Möglichkeiten und Grenzen der Neurowissenschaften kann weiterhelfen.

Drei Untersuchungsebenen

Untersuchungen am Gehirn werden im Wesentlichen auf drei Ebenen geführt, einer oberen, einer mittleren und einer unteren. Auf der oberen Ebene können Funktionen größerer Hirnareale, beispielsweise des Kortex, der Amygdala oder der Basalganglien beschrieben und in ihrer Aktivität mit bildgebenden Verfahren wie PET (Positronen-Emissions-Tomographie), fMRT (funktionelle Magnetresonanztomographie) oder EEG (Elektroenzephalogramm) sichtbar gemacht werden. Auf mittlerer Ebene untersuchen Wissenschaftler Neuronennetzwerke und die Kommunikation zwischen verschiedenen Nervenzellen. Auf der unteren Ebene schließlich erforschen sie molekulare Einflüsse zwischen und in den Zellen. So sehr Hirnforscher auch auf der unteren und oberen Ebene in ihrer Forschung vorangeschritten sind, so sehr tappen sie auf der mittleren Ebene immer noch im Dunkeln. Bisher gibt es keine allgemein anerkannte Theorie, welche beschreibt, wie der Code der Kommunikation zwischen den Zellen zu entschlüsseln sei. Hinzu kommt, dass das Gehirn mit etwa 1.000.000.000.000 Nervenzellen zudem extrem plastisch ist. Im Schnitt durchläuft es jede Sekunde etwa zehn Zustandsveränderungen mit gleichzeitigem Wandel der Mikrostruktur. Unser Denkapparat erweist sich somit als äußerst komplexes und kompliziertes Gebilde.

Vom Seelenorgan zum Gehirn

Die Geschichte der Hirnforschung ist eine Geschichte der zunehmenden Materialisierung des Ich. Akzeptieren wir in unserer Gesellschaft gewöhnlich, dass es so etwas wie Gehirnkrankheiten oder auch einen Hirntod gibt, so tun wir uns dennoch schwerer damit anzunehmen, dass der wesentliche Teil unserer Persönlichkeit an jene puddingähnliche Masse gebunden sei (Breidbach 1997). Einer der Herausragendsten, der diese Verknüpfung schuf, war der französische Naturforscher, Mathematiker und Philosoph René Descartes (1596–1659). Nur wenige außer Friedrich Albert Lange (1974) haben erkannt, dass Descartes' Interesse zunächst einmal nicht primär dem Idealismus galt. Descartes war vielmehr einer der Ersten seines Fachs, die sich begeistert der empirischen Naturforschung zuwandten. In seinen Studien über Anatomie, Physik und Physiologie gelangte er zu der Sichtweise, dass alle Lebewesen eine Art von Maschine seien und Tiere im Besonderen denkende. Alles, sowohl das Körperliche als auch das Geistige, war bei Descartes den mathematischen, physikalischen Gesetzen unterworfen. Indem der Körper Geist aus sich heraus hervorbrachte, wirkte er sich durch diesen auf die Seele aus. Erst 1631 griff Descartes in seinen »Meditationen über die erste Philosophie« das Prinzip einer Seelensubstanz nach Thomas von Aquin (1225–1274) auf und erklärte im Gehirn die Zirbeldrüse / Epiphyse zur Verbindungsinstanz zwischen Seele und Körper. Der französische Arzt Julien Offray de La Mettrie (1709–1751) postulierte 1747 dagegen, dass alle geistigen Prozesse auf die Mechanik des Gehirns zurückzuführen seien, und begann damit in den Augen vieler seiner Zeitgenossen ein Verbrechen. Im 18. Jahrhundert entwickelte sich außerdem die Vorstellung einer Lebenskraft und tierischen Elektrizität vor allem durch Experimente an zuckenden Froschschenkeln von Luigi Galvani (1727–1798). Das durch diese Forschung angeregte mechanische Menschenbild erhielt Einzug in Romane wie Mary Shelleys »Frankenstein« oder E. T. A. Hoffmanns »Nachtstücke«. Gehirne galten als Seelenorgane, als Drüsen, welche Geist hervorbrachten. Die Lokalisierung des Geistigen schritt vornehmlich mit den Forschungen Franz Joseph Galls (1758–1828) in den folgenden Jahrhunderten weiter voran. Aus seinen Ergebnissen entwickelte sich die Phrenologie, die versuchte anhand der Kopfform auf geistige Fähigkeiten und Dispositionen eines Menschen zu schließen. Obwohl Gall die Phrenologie auf anatomischen Studien des Gehirns begründete, war deren funktionale Interpretation verschiedener Areale noch sehr spekulativ. Ein revolutionärer Schritt in dieser Richtung gelang erst 1861 Paul Broca (1824–1880) mit dem Nachweis eines zur Sprachproduktion essenziell wichtigen Hirnareals. Dieser hatte Aphasiestörungen mit Beeinträchtigungen der dritten vorderen Hirnwindung korreliert und anhand von Sektionen eindeutig nachweisen können. Wenn auch in vielerlei Geisteswissenschaften ignoriert, hatte sich schließlich das Gehirn zur notwendigen Voraussetzung des Geistigen etabliert. Den Menschen im Sinne La Mettries maschinalisierende Theorien, wie die von Ivan Petrovich Pawlow (1849–1936) entworfene klassische Konditionierung und der darauf aufbauende Behaviorismus, erlebten über die erste Hälfte des 20. Jahrhunderts hinaus sogar eine Hochkonjunktur (La Mettrie 1747/1990; Breidbach 1997). Das Seelenorgan hatte sich zum Gehirn gewandelt. Nun galt es, seine Funktionsweise zu verstehen und das Geistige vom Physiologischen her zu erhellen. Es zeigte sich, dass eine Unterbindung der physiko-chemischen oder physiologischen Strukturen auch zu einer Beeinträchtigung der geistigen Äußerungen führte. In aller Kürze fasst die Fortschritte dieser leiblichen Implikationen der neueren Hirnforschung der Neurologe Antonio Damasio zusammen: »No body, never mind« (Damasio 2003, S. 213).

Provokation und Innovation

Die neuere Hirnforschung geht sogar noch weiter und greift die alte Vermutung Schopenhauers auf: »Ich kann thun was ich will: – Aber ich vermag nicht, es zu *wollen*« (Schopenhauer 1839/1999, S. 402). Sie findet sich wieder in Roths Provokation: »Wir sind determiniert« (Roth 2004, S. 218). Eine Handlung hängt nach Roth nicht vom Gefühl des Willens ab, sondern davon, ob die unbewusst steuernden Basalganglien freigeschaltet werden, die den Willen vollständig vorbereiten. Im Labor kann seiner Aussage nach sogar das Gefühl des Gewolltabens einer Handlung durch Hirnstimulation, im Wesentlichen des supplementärmotorischen Areals (SMA), ausgelöst werden. Wir können vermuten, dass die Beobachtung am Gehirn den Verdacht bestätigt, dass wir vom Bewusstsein aus keinen Einfluss auf den Willen haben (Roth 2003a). Einen Hoffnungsschimmer finden wir bei Antonio Damasio. Dieser sieht eine Einflussmöglichkeit in den lange Zeit von den Naturwissenschaften gering geachteten Emotionen. Damasio definiert sie als neuronale Antworten auf einen emotionsauslösenden Stimulus, die eine zeitweilige Veränderung des Körper- und Gehirnzustands bewirken. Geistiges sei nur aufgrund von Emotionen überhaupt notwendig und entstehe erst durch diese. Bewusstsein sei demgemäß das Fühlen dessen, was geschieht, und ermögliche entscheidende evolutionären Vorteile wie Planung und abwägende Reaktion (Damasio 2000). Ein neues Verständnis der Emotionen solle daher auch ein besseres und angenehmeres Zusammenleben in der Gesellschaft ermöglichen. Hirnforschung bringt, wie Damasio beispielhaft verdeutlicht, so gerade auch auf dem Gebiet der praktischen Philosophie wertvolle Anstöße und Anregungen mit sich.

Faszinierend oder erschreckend?

Neurowissenschaften können sich sicherlich eingliedern in eine Folge von Revolutionen des menschlichen Selbstbewusstseins. Nikolaus Kopernikus (1473–1543) bereitete mit seinem heliozentrischen Weltbild den Anfang, indem er den Menschen aus dem Mittelpunkt des Universums holte. Charles Darwin (1809–1882) folgte mit seiner Evolutionstheorie und behauptete, dass sich die einzelnen Arten auseinander entwickelten, womit er der kreationistischen Sichtweise der Kirche widersprach. Sigmund Freud (1856–1939) schließlich konnte betonen, dass unbewusste Mechanismen den Menschen stark in seinem Verhalten determinieren. Gegen Ende des 20. Jahrhunderts revolutionierten die Entschlüsselung des menschlichen Genoms sowie die Möglichkeiten der Genforschung unser Selbstbewusstsein. All diese Revolutionen brachten jedoch auch eine Humanisierung mit sich. Und durch diese wurden große Fortschritte unserer Gesellschaft überhaupt erst möglich. Die Behandlung psychisch kranker Menschen, der Strafvollzug oder auch die Religionsfreiheit sind nur einige Gebiete. Das Neue fasziniert uns und dennoch fürchten wir uns davor. So ist es auch mit den Neurowissenschaften oder Synthesen von Neurowissenschaften und Philosophie. Erinnern wir uns: Denken ist mühsam, kostet Zeit und Energie. Alte Muster funktionieren zwar für eine Weile, bringen aber keinen Fortschritt mit sich. Fortschritt nun erst bringt Qualität.

Wenn Hirnforscher heute von Determinierung sprechen, so sagen sie nicht viel anderes als das, was Psychologen schon seit Jahrzehnten, manche Philosophen schon seit Jahrhunderten behaupten. Die Willensfreiheit, wie wir sie subjektiv erleben, ist ein Trugschluss. Nicht mehr und nicht weniger. Das bedeutet jedoch noch lange nicht, dass Menschen geistlose Marionetten sind. Die eingebildete Freiheit erweist sich jedoch als stark illusionär. Wer dies nicht glaubt, betrachte innerhalb der Psychologie nur beispielhaft das Lehrer-Schüler-Experimt von Stanley Milgram aus dem Jahr 1963 (Milgram 1974/1997). Hierbei wurden Versuchspersonen aufgefordert einen Schüler für falsch gelöste Aufgaben mit Elektroschocks zu bestrafen. Das Erstaunliche dabei: Über 62 Prozent der Versuchspersonen verabreichten Stromstöße, die den Schüler getötet hätten. Befragte man die Versuchspersonen im Anschluss, warum sie so gehandelt hatten, gaben sie ausweichende Antworten und erklärten eher noch den Experimentator für schuldig als sich selbst. Die meisten Menschen folgten blind der jeweiligen Autorität, sogar wenn diese von ihnen die unmoralische Tat verlangte, einen anderen Menschen umzubringen. Dieses sozialpsychologische Experiment wurde weltweit wiederholt und signifikant bestätigt. Ein starker Begriff von Freiheit erweist sich als unsinnig und unmenschlich. Erst der Mensch, der sich seiner Beschränkungen und Möglichkeiten bewusst wird, kann entgegen einer Marionette handeln. Und nehmen wir an, das menschliche Gehirn sei irgendwann einmal komplett berechenbar, so bräuchte unser Selbstverständnis dies eigentlich ebenfalls nicht zu fürchten. Neurowissenschaftlich proklamierter Determinismus ist nie absolut, sondern vielmehr probabilistisch – wie auch beim Wetter. Die Beschreibung geistiger Zustände vom Standpunkt der dritten Person aus, wie sie Neurowissenschaftler bevorzugen, lässt niemals absolute Beschreibungen zu. Sie gibt nur Bedingungen an, unter denen andere Personen dieselben Erfahrungen und Beobachtungen machen könnten. Anders als vielfach den Neurowissenschaftlern unterstellt, nämlich in der dritten Personenbeschreibung einen objektiven Standpunkt einzunehmen, sind sich die Hirnforscher des transzendentalphilosophischen Standpunkts Immanuel Kants sehr bewusst. In den Begriffen von Gerhard Roth erweist sich dieser transzendentalphilosophische Standpunkt dadurch, dass wir zwischen einer Wirklichkeit und einer Realität zu unterscheiden haben. Dabei ist Wirklichkeit die erscheinende Welt, die wir in den Konstrukten des Gehirns erleben. Dem Gehirn ist immer nur die von ihm konstruierte Wirklichkeit zugänglich. Es ist zwar auch Teil der bewusstseinsunabhängigen Realität. Diese ist ihm aber in keiner Weise erreichbar.

Neurowissenschaften erweisen sich als Perspektive bisheriges philosophisches und psychologisches Wissen zu ergänzen und zu bereichern. Aus diesen zieht die Gesellschaft ihren Nutzen, für den sie die Einrichtungen der Forschung geschaffen hat. Philosophie und Neurowissenschaften sind sich gegenseitig sowohl Herr als auch Knecht. Ihre Stärke liegt in ihrer gegenseitigen Anerkennung. Ähneln wir nicht dem Philosophen aus Brechts »Das Leben des Galilei«, als jener Galileis Fernrohr ignoriert und anstatt dessen versucht diesen in einen unergiebigen Disput über die Unmöglichkeit und Unnötigkeit der Existenz dessen zu verwickeln, was das Rohr zeigt, wenn wir behaupten, die neurowissenschaftlichen Ergebnisse mögen zwar nett und bunt sein, sie gehen *mich* jedoch nichts an? Erweisen sich Beiträge neurowissenschaftlicher und philosophischer Seite nicht vielmehr erst in ihrer gegenseitigen Akzeptanz und Befruchtung als konstruktiv? Die Philosophie lehrt uns seit Sokrates den Schritt zu mehr Offenheit für Erfahrungen zu wagen und in Verantwortung gegenüber der Gesellschaft zu handeln.

Literatur

Breidbach, O. (1997): Die Materialisierung des Ichs. Frankfurt a. M.
Brecht, B. (1967): Gesammelte Werke. Bd. 3. Frankfurt a. M.
Damasio, A. (2000): The feeling of what happens. Orlando.
Damasio, A. (2003): Looking for Spinoza. Orlando.
Descartes, R. (1631): Meditationen über die erste Philosophie. Hamburg, 2003.
Diderot, D. (1746): Pensées philosophiques. In: Diderot, D.: Œuvres complètes. Paris, 1875.

Geyer, C. (Hg.) (2004): Hirnforschung und Willensfreiheit. Frankfurt a. M.
Hegel, G. F. W. (1807): Phänomenologie des Geistes. Frankfurt a. M., 1970.
La Mettrie, J. O. de (1747): L'homme machine. Hamburg, 1990.
Lange, F. A. (1974): Geschichte des Materialismus. Band I. Frankfurt a. M.
Milgram, S. (1974): Das Milgram-Experiment. Hamburg, 1997.
Roth, G. (1996): Schnittstelle Gehirn. Bern.
Roth, G. (2003a): Aus Sicht des Gehirns. Frankfurt a. M.
Roth, G. (2003b): Fühlen, Denken, Handeln. Frankfurt a. M.
Roth, G. (2004): »Wir sind determiniert. Die Hirnforschung befreit von Illusionen«. In: Geyer, C. (Hg.) (2004): Hirnforschung und Willensfreiheit. Frankfurt a. M., S. 218–222.
Schopenhauer, A. (1839): Preisschrift »Über die Freiheit des menschlichen Willens«. In: Arthur Schopenhauers Werke in fünf Bänden. Hg. v. L. Lütkehaus. Bd. 3. Zürich, 1999.
Stekeler-Weithofer, P. (2004): Geschichte der Philosophie in Text und Darstellung. Gegenwart. Stuttgart.

Die Autoren

Marc Borner, geb. 1980. Studium der Philosophie, Psychologie und Biochemie in Frankfurt a. M., Darmstadt und Los Angeles.

Thomas Goschke, geb. 1958. Studium der Psychologie in Bochum. 1992 Promotion, 1999 Habilitation. Seit 2002 Professor für Allgemeine Psychologie an der Technischen Universität Dresden. Zu seinen Spezialgebieten gehören die kognitiven Grundlagen von Willenshandlungen sowie die Bedingungen des subjektiven Eindrucks willentlicher Kontrolle. Forschung zu theoretischen Modellen der willentlichen Handlungssteuerung und zum Repräsentationsbegriff im Konnektionismus.

Klaus-Jürgen Grün, geb. 1957. Studium der Philosophie, Mathematik und Geschichte in Frankfurt a. M. 1992 Promotion, 1999 Habilitation. Seit 1999 Hochschuldozent und Privatdozent am Institut für Philosophie der Universität Frankfurt a. M. Zu seinen Schwerpunkten gehören die Geschichte der Philosophie, insbesondere des Idealismus und philosophischen Materialismus. Seine Forschungen und Lehrtätigkeiten beschäftigen sich mit der Anwendung von Philosophie in Wirtschaft, Gesellschaft und Naturwissenschaft. Seit 2001 Leiter des von ihm gegründeten Philosophischen Kollegs für Führungskräfte (www.philkoll.de).

Gerhard Roth, geb. 1942. Studium der Philosophie, Germanistik und Musikwissenschaften in Münster und Rom. Studium der Biologie in Münster und Berkeley. 1969 Promotion in Philosophie, 1974 Promotion in Zoologie. Seit 1976 Professor für Verhaltensphysiologie und Entwicklungsneurobiologie am Institut für Hirnforschung der Universität Bremen. Besonderes Interesse an der Verknüpfung von Natur- und Geisteswissenschaften. Gründungsrektor des Hanse-Wissenschaftskollegs in Delmenhorst und Präsident der Studienstiftung des deutschen Volkes.

Wolf Singer, geb. 1943. Studium der Medizin in München und Paris. 1981 Berufung zum wissenschaftlichen Mitglied der Max-Planck-Gesellschaft und zum Direktor an das Max-Planck-Institut für Hirnforschung in Frankfurt am Main. Forschung zu neuronalen Grundlagen höherer kognitiver Leistungen. Zahlreiche Mitgliedschaften und internationale Ehrungen, u. a. Mitglied der Academia Europaea und der Pontifical Academy of Sciences.

Yvonne Thorhauer, geb. 1970. Studium der Betriebswirtschaftslehre in Oestrich-Winkel, Clermont-Ferrand und Berkeley. 2003 Promotion in Philosophie. Besonderes Interesse an Wirtschaftsethik.

Wenn Sie weiterlesen möchten ...

Hilarion G. Petzold (Hg.)
Wille und Wollen
Psychologische Modelle und Konzepte

Die Fähigkeit, Entschlüsse zu fassen und sie in Handlung umzusetzen, macht den menschlichen Willen aus. Er gehört zu den zentralen Qualitäten des Menschen, ist Ausdruck seiner Freiheit in der Lebens- und Weltgestaltung. Im Gegensatz zur Fremdbestimmung eines Individuums durch äußere Zwänge oder innere Triebhandlungen, basiert das zielgerichtete Wollen auf einer gewissen Wahlfreiheit und gründet in subjektiv bedeutsamen Motiven. Im »Willen zur Macht« kann es auch zu destruktiven Ausdrucksformen kommen. Das Thema des Willens verlangt deshalb in seiner anthropologischen Tiefe, sozialen Brisanz und seiner Vielschichtigkeit neben der schwerpunktmäßigen psychologischen Betrachtungsweise notwendig auch die Einbeziehung philosophischer, theologischer und politischer Perspektiven.

Mit Beiträgen von Stefan Blankertz, Herbert Fitzek, Peter Gerjets, Elke Heise, Rolf Oerter, Wilhelm Salber, Hermann Schmitz, Rolf Schwendtner, Ludwig Zeier, Edith Zeier-Draxl.

Hilarion G. Petzold / Johanna Sieper (Hg.)
Der Wille in der Psychotherapie

Band 1: Tiefenpsychologische und humanistische Verfahren

Band 2: Systemische, verhaltenstherapeutische und integrative Verfahren

Das Thema des Willens wurde bislang in der Psychotherapie vernachlässigt. Willensäußerungen von Patienten werden oft als Widerstand interpretiert. Fragen der Willenssozialisation, der klinischen Wertung von Willensphänomenen und der therapeutischen Beeinflussung von Willensentscheidungen, Willenskraft und Durchhaltevermögen wurden kaum beachtet, obwohl ohne Willensakte keine therapeutisch relevanten Veränderungen möglich sind.

Mit Beiträgen von Jobst Finke, Günter Gödde, Klaus Hartmann, Wolfgang Hegener, Burkhard Hoellen, Julius Kuhl, Gerd Lehmkuhl, Ulrike Lehmkuhl, Michael Märtens, Bertram Müller, Mario Schlegel.

Gerald Hüther
Biologie der Angst
Wie aus Streß Gefühle werden

Gerald Hüther führt die neuesten Erkenntnisse über die biologische Funktion der Stressreaktionen im Gehirn zu überraschenden Einsichten über die Herausbildung emotionaler Grundmuster wie Vertrauen, Glaube, Liebe, Abhängigkeit, Hass und Aggression. Die neuronalen Verschaltungsmuster, die der Mensch in der frühkindlichen Entwicklung erlernt und in seinem Hirn gleichsam gebahnt hat, schaffen sein Verlangen, geliebt und anerkannt zu werden, und befähigen ihn erst dazu, etwas anderes als sich selbst lieben zu können.

Die Psychologie und die Tiefenpsychologie haben aus eigenen Beobachtungen Theoriegebäude aufgetürmt und damit diagnostiziert und therapiert. Dieses Buch gibt ihnen eine neurologische Untermauerung. Es ist geschrieben in einer leicht lesbaren Sprache, es erklärt in eingängigen Beispielen, weil es über Fachgrenzen hinweg verstanden werden will. Es gibt jedem, Fachleuten wie Laien, einen neuen Horizont im Verständnis menschlicher Entwicklung. Hochkompliziertes wird sinnfällig, Vages wird konkret und Naturwissenschaft versöhnt sich mit unseren alten Vorstellungen von der Seele.

Gerald Hüther
Bedienungsanleitung für ein menschliches Gehirn

In der modernen Hirnforschung wurden bahnbrechende Entdeckungen gemacht. Die sogenannte Plastizität des menschlichen Gehirns bedeutet, dass es lebenslang veränderbar, ausbaubar, anpassungsfähig ist. Sogar die Masse der Gehirnzellen ist, entgegengesetzt der früheren Auffassung der Wissenschaftler, nicht endgültig festgelegt, sondern kann im Verlauf des Lebens noch zunehmen. Nach den neuesten Erkenntnissen der Hirnforscher hat die Art und Weise der Nutzung des Gehirns einen entscheidenden Einfluss darauf, welche neuronalen Verschaltungen angelegt und stabilisiert oder auch destabilisiert werden. Die innere Struktur und Organisation des Gehirns passt sich also an seine konkrete Benutzung an.

Wenn das Gehirn eines Menschen aber so wird, wie es gebraucht wird und bisher gebraucht wurde, dann stellt sich die Frage, wie wir eigentlich mit unserem Gehirn umgehen müssten, damit es zur vollen Entfaltung der in ihm angelegten Möglichkeiten kommen kann.

In einer leicht lesbaren, bildreichen Sprache geht der Neurobiologe Gerald Hüther diesem Fragenkomplex nach und gelangt zu Erkenntnissen, die unser gegenwärtiges Weltbild erschüttern und die uns zwingen, etwas zu übernehmen, was wir bisher allzu gern an andere Instanzen abgegeben haben: Verantwortung.

Grundlagen des Denkens V&R

Luc Ciompi

Die emotionalen Grundlagen des Denkens

Entwurf einer fraktalen Affektlogik

3. Auflage 2005. 371 Seiten mit 6 Abb., kartoniert. ISBN 3-525-01437-6

Luc Ciompi fügt in diesem Buch zusammen, was sich in überkommenen Bildern vom Menschen der Zusammenschau widersetzt hat. Aus Angst vor dem Chaos haben wir menschliches Denken in der materiellen Welt uns immer nur beherrschend oder als höchst abhängig vorzustellen vermocht. Ciompi vollzieht den Schritt in ein neues Zeitalter: Wenn wir das Chaos akzeptieren als elementare Gegebenheit unseres Fühlens, Denkens und Handelns, können wir deren Logik erfassen, eine Logik höherer Ordnung. Es ist eine kreative Erkenntnis: Selbstschöpferisch und lustvoll ist der Mensch in seinem Fühlen und Denken, und gleichfalls voller Lust und Kreativität ist es, ihn darin zu begreifen.

Jürgen Kriz

Chaos, Angst und Ordnung

Wie wir unsere Lebenswelt gestalten

Transparent, Band 42.
2. Auflage 1998. 125 Seiten, kartoniert
ISBN 3-525-01728-6

Jürgen Kriz stellt seine Erfahrungen aus der humanistischen und systemischen Psychotherapie und der Systemforschung in Beziehung zu dem zerstörerischen Potential der wissenschaftlichen Technik und den Bedrohungen unserer Welt. Durchaus allgemeinverständlich legt er die Schlußfolgerungen seiner Einsichten dar – es sind Mahnungen, die Zwangsordnungen zu überwinden für mehr Handlungsfreiheit des Menschen.

Fred Warnke

Der Takt des Gehirns

Das Lernen trainieren

3., überarb. Auflage 2006. 161 Seiten mit 21 Abb., 6 Tab. und 1 CD, kartoniert. ISBN 3-525-46238-7

Engagiert, gründlich und allgemein verständlich schildert der auf dem Gebiet der Psychoakustik und Psycholinguistik erfahrene Autor Fred Warnke den aktuellen Wissensstand zu den grundlegenden, noch sprachfernen Fertigkeiten unseres Gehirns. Er stellt praktische Hilfsmittel zum Testen von Gehirnfunktionen vor und bietet auf der beigefügten CD-ROM die Messung so genannter Low-Level-Funktionen an.

Vandenhoeck & Ruprecht

Medizin – Ethik – Recht   V&R

Die Buchreihe greift aktuelle Themen aus Medizin und Biotechnologie auf und diskutiert ihre ethischen, rechtlichen, psychologischen und theologischen Aspekte.

Die Reihe wird erausgegeben von Wilhelm Vossenkuhl, Fuat Oduncu, Ulrich Schroth

1: Fuat Oduncu / Ulrich Schroth / Wilhelm Vossenkuhl (Hg.)
Stammzellenforschung und therapeutisches Klonen
2002. 311 Seiten mit 19 Abb. und 9 Tab., kartoniert. ISBN 3-525-45707-3

2: Fuat Oduncu / Ulrich Schroth / Wilhelm Vossenkuhl (Hg.)
Transplantation
Organgewinnung und -allokation
2003. 419 Seiten mit 23 Abb. und 28 Tab., kartoniert. ISBN 3-525-45708-1

3: Bert Gordijn
Medizinische Utopien
Eine ethische Betrachtung
2004. 258 Seiten mit 9 Tab., kartoniert
ISBN 3-525-45709-X

4: Urs Peter Böcher
Präimplantationsdiagnostik und Embryonenschutz
Zu den Problemen der strafrechtlichen Regelung eines neuen medizinischen Verfahrens
2004. 223 Seiten mit 9 teilweise farbigen Abb. und 6 Tab., kartoniert
ISBN 3-525-45710-3

5: Fuat Oduncu / Katrin Platzer / Wolfram Henn (Hg.)
Der Zugriff auf den Embryo
Ethische, rechtliche und kulturvergleichende Aspekte der Reproduktionsmedizin
2005. 162 Seiten mit 17 Abb. und 9 Tab., kartoniert. ISBN 3-525-45711-1

6: Ulrich Schroth / Klaus A. Schneewind / Thomas Gutmann / Bijan Fateh-Moghadam
Patientenautonomie am Beispiel der Lebendorganspende
2006. Ca. 290 Seiten mit ca. 25 Abb. und ca. 26 Tab., kartoniert
ISBN 3-525-45712-X

Vandenhoeck & Ruprecht

| 21 | **Magie auf der Bühne**
Ein Broadway-Stück erleben ....48 |

| 22 | **Pizza-Liebe zelebrieren**
Das neapolitanische Restaurant Ribalta ....50 |

| 23 | **Ganz großes Kino**
Freilichtkino am Pier i ....52 |

| 24 | **Einfach genießen**
Simple Café & Shop in Williamsburg ....54 |

| 25 | **Einkaufen mit Geschichte**
Story Store im Macy's ....56 |

| 26 | **Tanzend in den Tag**
Aufwachen mit den Daybreakers ....58 |

| 27 | **La Ola, Tröten & Fanfare**
Sportevents im Barclays Center....................................60 |

| 28 | **Insel der Ruhe**
Governors Island ....62 |

| 29 | **Purer Nervenkitzel**
Achterbahn im Luna Park ....64 |

| 30 | **Jeder ist Grillmeister**
Koreanisches Barbecue bei Jongro BBQ ....66 |

| 31 | **Mittagspause am Wasserfall**
Greenacre Park in Midtown ....68 |

| 32 | **Hundelecker snacken**
Papaya King Hot Dogss....................70 |

| 33 | **Sag Ja zum Leben**
Ausgehen im House of Yes..............72 |

| 34 | **Draußen-Sein als Erlebnis**
Bryant Park ....74 |

| 35 | **Brunch New-York-Style**
Beim Marokkaner Café Mogador ....76 |

| 36 | **Urbane Oase**
Entspannen im verwunschenen Kirchengarten ....78 |

| 37 | **Spaßiger Live-Hack**
Axtwerfen im Kick Axe ....80 |

| 38 | **Herrliche Aussicht am Hudson**
Pause im Pier i Café ....82 |

| 39 | **Schnickschnack & Klimbim**
Flohmarkt-Shoppen bei Brooklyn Flea ....84 |

| 40 | **In 100 Metern um die Welt**
Amsterdam Avenue von der 80. zur 83. Straße................................86 |

… noch mehr Glück für dich

41 Gar nicht allein in New York
Vorweihnachtszeit mit dem
Rockefeller-Baum 88

42 Picknick über den Dächern
Brooklyn Grange Farm 90

43 Wer zuerst malt …
Kunstszene Harlem – Faction
Art Projects 92

44 Grünes Straßenkino
Spazieren im Highline Park 94

45 Gutes-Gewissen-Genießen
Le Botaniste 96

46 Die freche Denkerin
Das „Mona Lisa of
Williamsburg"-Mural 98

47 Vom Kaffee bekehrt
Bluestone Lane Café.......................100

48 Ruhe finden im Klostergarten
Im Innenhof der Met
Cloisters 102

49 Ein Hauch Italiens
Little Italy in der Bronx 104

50 Mal sich selbst beschenken
Mitbringsel aus dem MOMA-
Museumsshop 106

51 Eine andere Ära
Viktorianische Häuser
in Flatbush 108

52 Wer flüstert, der liebt
Whispering Spot an der
Grand Central Station 110

53 Lecker, lecker, Meisterbäcker
Two Little Red Hens 112

54 Dachterrasse unter dem Radar
Der Rooftop des Pod 39 114

55 Music is Life
Der Plattenladen
Rough Trade 116

56 Schlürfen wie die Könige
Austern-Happy-Hour in
der Mermaid Oyster Bar 118

57 Innovative Gratwanderung
Im Cooper Hewitt
Design Museum 120

58 Die Stadt zu Füßen
Auf dem One World
Observatory 122

59 Sauer macht lustig
Steve's Authentic Key Lime
Pie in Red Hooki 124

60 Besser in Gesellschaft
Bohemian Hall &
Beer Garden 126

Der echte New Yorker Burger

Shake Shack im Madison Square Park

Ein Amerikabesuch ohne Burger, das wäre wie Italien ohne Espresso und Pizza oder Kanada ohne Ahornsirup. Und obwohl es viele fantastische Burger-Restaurants gibt, kommt man im Besucheralltag doch um den Kauf bei einer Kette kaum herum. Es soll eben nicht immer das formelle Restaurantszenario sein. Eine absolute Wohltat für die nach Burger zehrenden Geschmacksnerven ist Shake Shack.

Die aus New York stammende Burgerkette gehört zu den am schnellsten wachsenden Essensketten der Welt und ist ein absolutes Phänomen. Deshalb sollte man unbedingt bei der Location essen, mit der alles angefangen hat. Als fester Kioskstand, mitten im Madison Square Park gelegen, kann man sein Essen hier, umgeben von Bäumen und Kunst, genießen. Einzig auf die Eichhörnchen muss man aufpassen, denn die haben sich inzwischen so an den Menschentrubel gewöhnt, dass sie sich auch schon mal auf den Tisch und an die Pommesschale trauen. Wen das Teilen nicht stört, der kann hier eine angenehme Pause machen, das Flatiron Building auf sich wirken lassen und einfach abschalten.

TIPP
Auf der Webseite der Kette kann man die Länge der Schlange in Echtzeit sehen.

Das Essen selbst kann man als Futter für die Seele beschreiben. Nein, an Kalorien darf man hier nicht denken, auch wenn sie noch vor dem Preis auf der Anzeigetafel verzeichnet sind. Aber wer auf Burger steht, die genauso gut schmecken, wie sie aussehen, kann guten Gewissens zubeißen. Auch für Vegetarier, Gluten-Allergiker und sogar für Vierbeiner ist etwas dabei. Falls es nur ein Snack sein soll, gibt es auch Milkshakes und Eis. Die perfekte Grundlage also für ein spontanes Picknick im Park.

Beim Besuch des Burgerstands sollte man aber nicht vergessen, den Blick über die angrenzenden Häuser schweifen zu lassen. Auch der Park selbst bietet je nach Jahreszeit kleine Oasen zum Ausruhen und Menschenbeobachten. Immer lohnenswert sind die wechselnden Kunstausstellungen, welche die Besucher zum Anfassen oder Ausprobieren einladen. Genug Energie für einen Erkundungsspaziergang hat man nach Shake Shack auf jeden Fall.

● Shake Shack, E 23rd St. & Madison Av, New York, NY 10010, Tel. +1 2 12/8 89 66 00
www.shakeshack.com
● ÖPNV: Metro R, W, Haltestelle 23rd St, Metro 6, Haltestelle 23rd St

Schildkröte am Meer

Badetag in den Rockaways

Zu jedem Sommerurlaub, und vor allem wenn man in Ozeannähe ist, gehört ein relaxter Strandtag. Glücklicherweise kann man dieses Vergnügen durch die in der Regel lange Wärmephase in New York noch bis Oktober genießen, wenn die Außentemperaturen moderat sind, der Atlantik noch vergleichsweise warm ist und die Strände kaum mehr von Urlaubern besucht werden. Falls neben dem Sightseeing nur wenig Zeit für den Strand bleibt, empfiehlt sich ein Ausflug nach Brighton Beach. Ansonsten aber ist es schöner, sich in den etwas entfernteren Rockaways eine Auszeit zu gönnen. Mit der U-Bahn-Linie A sind weite Strandzüge dieser Inselzunge gut erreichbar.

Nach Norden kann man von der Station Beach 67 St einen selten überlaufenen Strandstreifen zu Fuß erreichen. Für Spaziergänger und Radfahrer gibt es einen holzbeplankten Weg vor dem Strand, an dem sich auch Toiletten und Strandaufsichten befinden. Außerdem gibt es dort eine kleine Strandbar, die Getränke (auch alkoholische) und eine kleine Auswahl von Speisen anbietet. Vor allem aber einen Schattenplatz, der sonst eher Fehlanzeige ist. Wer helle Haut hat, sollte dringend Sonnenschutz auftragen und das Geld für einen Schirm ausgeben, denn die Sonne ist hier deutlich aggressiver als in Mitteleuropa. Zum Glück gibt's aber genügend Möglichkeiten, sich im Atlantik abzukühlen und anschließend mit einem guten Buch oder relaxter Musik das Leben zu genießen.

Auch Richtung Süden kann man jederzeit aus dem Strand-Pendelzug aussteigen, die meiste Infrastruktur findet man aber bei der Endstation Beach 116 St. Hier gibt es tolle Strandshops mit allerlei Andenken oder praktischen Strandutensilien, die man beim Packen womöglich vergessen hat, kleine Restaurants und Eisdielen. Zudem bieten Surfshops und lokale Surfschulen Kurse an, für die man sich manchmal noch spontan einschreiben kann. Langeweile kommt also sicher nicht auf, sodass so ein Tag am Strand schneller vorbei ist als gedacht.

TIPP

Wer mobil ist oder wem das Shuttle (Williamsburg) nichts ausmacht, der sollte zum Jacob Riis Park.

- Rockaway Beach
- ÖPNV: Metro A, Haltestelle Beach 67 St, Metro S (Beach Shuttle), Haltestelle Beach 116 St

Weihnachten American Style

Dyker Heights in Brooklyn

Wer denkt, dass es sich bei den um die pompöseste Außendekoration duellierenden Nachbarn aus amerikanischen Filmen um Klischees handelt, war noch nicht im winterlichen Dyker Heights. Jedes Jahr von Thanksgiving (Ende November) bis Weihnachten schmückt sich diese sonst eher unscheinbare Nachbarschaft tief im Süden Brooklyns mit Millionen von Lichtern und wird zur Attraktion für New Yorker und Besucher gleichermaßen. Von durchkonzeptionierten Dekorationen, die eine Geschichte erzählen, bis hin zu Vorgärten, in denen man aufgrund der Anzahl von beliebigen, zum Teil lebensgroßen Figuren keinen Boden mehr sieht, ist wirklich alles dabei. Manche Hausbesitzer wechseln ihre Displays jedes Jahr, andere perfektionieren ihre Ausstellung, aber alle machen den Anschein, dass sie sich das ganze Jahr auf diese Saison vorbereiten. Fotos sind deshalb nicht nur erlaubt, sondern erwünscht und werden in manchen Fällen sogar durch spezielle Foto-Ops ermöglicht.

TIPP
Wer sich im Anschluss warm-shoppen will, wird bei Century21 an der 86. Straße fündig.

Und wenn man sein Umweltbewusstsein für ein bis zwei Stunden zurückstellen kann – ganz ohne Frage danach, wer das eigentlich alles bezahlt, geht es eigentlich nicht –, dann kann man sich hier wirklich eine gehörige Portion Weihnachtsstimmung holen. Besonders Kinder kommen oft aus dem Staunen nicht mehr raus. Aber auch für den an Schwippbogen und Schneespray gewöhnten Erwachsenen, der normalerweise bereits auf bunte Blinksterne genervt reagiert, finden sich hier lustige, schöne, verträumte oder inspirierende Lichtinstallationen.

Besonders gemütlich wird der Spaziergang durch die Nachbarschaft aber erst dann, wenn man sich zu einem der Eis-Trucks begibt, die sich an den Kreuzungen finden. Dort werden entgegen des äußerlichen Eindrucks auch warme Snacks, Kaffee und heiße Schokolade verkauft. Ob nun zum Trinken oder einfach, um die Fotohände wieder aufzuwärmen, erst mit Heißgetränk wird das Winterglückserlebnis vollständig. Für die Trucks sollte man unbedingt Bargeld mitbringen, denn der nächste Geldautomat ist nicht gerade um die Ecke.

- Dyker Heights, 1199 84th St, Brooklyn, NY 11228 (und Umgebung)
- ÖPNV: Metro D, Haltestelle 79th Street; Metro R, Haltestelle 86th Street

Frisch gerollte Glückseligkeit

Eis von The Poke in Williamsburg

Beim Thema Eis scheiden sich oft die Geister: Ist man ein Softeis-Typ, mag man lieber Milcheis aus der Waffel, oder erfrischt man sich am liebsten mit fruchtigem Wassereis? Wenn man diese Frage geklärt hat oder sich schlicht und ergreifend für jede Eissorte begeistern kann, kommt noch die Frage dazu, ob man Eis das ganze Jahr über essen sollte oder lediglich in den Sommermonaten. Man kennt sie ja noch, die Eisläden, die im Winter wahlweise zu Kleidungsgeschäften oder Stollen-Verkäufen werden. Es kann also etwas verwundern, wenn man in New York auch im Winter hin und wieder noch Softeis-Trucks herumfahren sieht, denn hier gibt es keine Saison fürs Schlemmen.

Übrigens ist es in der Regel sicher, sich am Eis-Truck ein Eis zu holen. Wer kein Fan von Softeis ist, der hat aber auch ansonsten zahlreiche Möglichkeiten, sich selbst gemachte Frucht-Pops, farbenfrohe Einhorn-Waffeln oder andere Eiskreationen schmecken zu lassen. Eine Empfehlung ist gerolltes Eis, welches man zum Beispiel bei The Poke in Williamsburg bekommt. Der etwas unscheinbare Shop in der North 6th Street bietet nicht nur leckere Poke-Bowls. Hier wird auch frisches Eis hergestellt, und frisch meint, dass sich eine vor den Augen der Kunden angerührte Flüssigkeit auf eisgekühlten Metallplatten zu Eis verwandelt, das mit Spachteln zu fünf delikaten Rollen aufgewickelt wird.

Von klassischen Sorten wie Schokolade bis hin zu veganen Eissorten ist für viele Geschmäcker etwas dabei. Besonders lecker sind Wildbeere Lavendel für fruchtige Typen, Morning Roast für Kaffee-Liebhaber und Matcha Melody für Experimentierwillige. Das Rundum-Eis-Erlebnis endet aber nicht mit dem aufgerollten Eis, sondern geht mit den Toppings weiter. Der Laden erlaubt unbegrenzt viele, sodass man sich in der Auswahl von Früchten, Nüssen, Saucen und Süßigkeiten austoben kann. Falls es das Wetter erlaubt, sollte man mit diesem himmlischen Eisbecher an den East River spazieren und es sich dort gemütlich machen.

TIPP
Mehr Eis gibt's bei Soft Swerve (Softeis), Sweet Moment (instaworthy) und La Newyorkina (Stiel-Eis).

● The Poke, 54 N 6th St, Brooklyn, NY 11249, Tel. +1 9 17/9 09 18 65
www.the-poke.com
● ÖPNV: Metro L, Haltestelle Bedford Ave

Urige Traditionstaverne

Pete's Tavern

Ein Besuch in einem der ältesten Traditionsrestaurants der Stadt, Pete's Tavern, lohnt sich allein aufgrund des Ambientes. Ganz in der Nähe des Gramercy Parks ist diese urige Taverne tagsüber ein beliebter Ort für eine längere Mittagspause und am Abend ein wuseliger Hotspot für frisch gezapfte Biere und simple Getränke nach der Arbeit, während im Hintergrund verschiedene Sportevents übertragen werden.

Am gemütlichsten ist es in einer der Essnischen, die man sich zwar nicht aussuchen kann – wie andernorts auch typisch, wird hier ein Sitzplatz zugewiesen –, durch die drei hintereinander liegenden Räume ist aber meistens eine frei. Die Nischen sind, wie der Rest der Sitzgelegenheiten, aus dunklem, fast schwarzem Holz, das nach vielen Jahren den herrlich bekannten Geruch eines alten Shamrocks angenommen hat. Unterstützt wird das heimelige Gefühl durch zahlreiche Fotografien (Pete und verschiedene Stars) und kitschige Kunstwerke. Rund um verschiedene Feiertage, zum Beispiel Valentinstag, Halloween oder Weihnachten, verwandeln sich zudem der Innenraum und die Schaufenster in Deko-Kunstwerke. Wem das Ganze zu viel ist, der kann an schönen Tagen auch draußen sitzen und an den relativ beruhigten Querstraßen die New Yorker Straßenromantik, ein stetiges Hin und Her von Fußgängern und Autos, auf sich wirken lassen.

Das Essen bei Pete's ist typisch für diese Art von Restaurants, vergleichsweise simpel und gut. Es wird wenig experimentiert, aber man findet dennoch alles, was man braucht. Lediglich Veganer werden es hier schwer haben. Ansonsten gibt es von leckeren Salaten über Pasta-Gerichte bis hin zu Fleisch- und Fisch-Speisen alles, wobei die Spezialitäten oft sehr vollwertig sind. Dazu gehört zum Beispiel der Chef Salad mit Blattsalat, Schinken, Truthahn, Shrimps, Käse, frischer und eingelegter Paprika, Tomaten, Anchovies, Kapern und einem gekochten Ei. Wer danach noch Platz im Magen hat, sollte sich den frisch gebackenen Apple Crumb mit einer Kugel Vanilleeis gönnen.

> **TIPP**
> Mittags ist die gesamte Karte zirka 3-4 $ günstiger pro Speise, und es gibt spezielle Angebote.

- Pete's Tavern, 129 E 18th St, New York, NY 10003
  www.petestavern.com
- ÖPNV: Metro 4, 5, 6, L, N, Q, R, W, Haltestelle 14th Street – Union Square

Im schwebenden Park

 Little Island Park am Pier 55

Die architektonische Landschaft New Yorks ist in stetigem Wandel, sodass man bei jedem Besuch in der Metropole neue Bauwerke und Sehenswürdigkeiten bewundern kann. Seit Kurzem gesellt sich in die Reihe frischer Hotspots ein ganz spezieller Park: Little Island. Die schwimmende Parkstruktur wurde als Restaurationsprojekt des 2013 vom Sturm Sandy in Mitleidenschaft gezogenen Piers 55 geplant und im Mai 2021 eröffnet.

Aufgebaut auf unterschiedlich große und hohe tulpenartige Stelzen, schwebt der kleine Park über dem Hudson River. Schon von der Promenade ist das seltsam futuristische Bauwerk einen Blick wert. Verspielt und hügelig fügt es sich in die sonst sehr kantige und geradlinige Landschaft der Meatpacking District Waterfront ein. Über den direkteren Zugang der südlichen Brücke betritt man den Park durch einige der Stelen hindurch. Fast wie Säulen einer Kathedrale erstrecken sich die Strukturen über einem. Von dort aus gelangt man auf die Hauptwiese und kann die Insel und ihre verschiedenen Elemente erkunden.

Als Erholungsort bietet der kleine Park vor allem eine diverse Auswahl an Pflanzen, Bäumen und Sträuchern, die mit Rücksicht auf wechselnde Lichtverhältnisse gepflanzt wurden und das ganze Jahr über spannende Landschaftseindrücke bieten. Besonders schön sind diese im Übergang vom Frühling zum Sommer, wenn die Farben satt sind, und im Indian Summer, wenn sommerlich grüne Blätter langsam ihre Farbe wechseln. Aber nicht nur Naturliebhaber kommen auf ihre Kosten: Mit verschiedenen Aussichtspunkten, einem Spielplatz und einem Amphitheater für Veranstaltungen hat die Insel einiges zu bieten auf ihrer vergleichsweise kleinen Fläche (nicht mal ein Hektar). Besonders zwischen Mai und September gibt es viele Freiluft-Events und einen Kiosk, der für Verpflegung vor Ort sorgt. Perfekt also für ein Picknick, während man der Sonne hinter Jersey City beim Untergehen zusieht.

> **TIPP**
> Die Insel ist sehr familienfreundlich und die meisten Events sind kostenfrei.

....
● Little Island Park, Pier 55 at Hudson River Park Hudson River Greenway, New York, NY 10014, https://littleisland.org/
● ÖPNV: Metro A, C, E, F, L, Haltestelle 14th St/8 Ave

Intensives Farbenspiel

Indian Summer auf dem Wave Hill

Auch wenn New York vor allem für seine Skyline und städtischen Highlights bekannt ist, gibt es in der Stadt zahlreiche Naturoasen, die man sich als Ruheort nicht entgehen lassen sollte. Eine der besten Möglichkeiten, dem Stadtgewusel für einen langen Nachmittag zu entfliehen, bietet Wave Hill, ein öffentlicher Park in der West Bronx. Besonders im Herbst lohnt sich ein Ausflug in die Natur sehr, da man zu dieser Zeit eines der faszinierendsten Farbenspiele der Natur beobachten kann. Während der Wechsel der Jahreszeiten in Deutschland meist sehr schnell geht und die Blätter im Herbst innerhalb kürzester Zeit von den Bäumen fallen, dauert dieser Prozess aufgrund des milden Klimas im Nordosten der USA mehrere Wochen. Das Phänomen wird hier als „Indian Summer" oder „Fall Foliage" bezeichnet. Je nachdem, wie schnell es nachts kühler wird, wechseln die Blätter zwischen Ende September und Anfang November ihre Farbe von einem satten Grün zu tiefen Rot-orange-Tönen. Aufgrund der etwas erhöhten Lage des Parks hat man von hier aus einen perfekten Blick auf den Hudson River, an dessen Uferseiten sich das Farbenspiel besonders beeindruckend zeigt. Die beste Aussicht im Park gibt es vom Kerlin Overlook.

TIPP
Der kleine Shop in Wave Hill hat verschiedenste handgemachte Andenken von lokalen Künstlern.

Hinzu kommt die Artenvielfalt des Parks selbst, die zum Staunen einlädt. Verschiedene geführte Touren informieren über die Pflanzen und deren Funktion als Lebensraum und sind in der kleinen Eintrittsgebühr des Parks inbegriffen. Außerdem gibt es in Wave Hill ein Residenzprogramm, durch das immer wechselnde aufstrebende Künstler die Möglichkeit erhalten, Ihre Werke und Produktionen auszustellen und sichtbar zu machen. Wave Hill ist deshalb auch ein Geheimtipp für Kunstliebhaber.

Obwohl es im Park auch ein Café gibt, lässt sich der Ausflug noch gemütlicher und kompletter genießen, wenn man sich ein Picknick mitbringt, im Schatten der bunten Bäume die Seele baumeln und sich von der Natur bezaubern lässt.

- Wave Hill, 675 W 252nd St, The Bronx, NY 10471, Tel. +1 7 18/5 49 32 00 www.wavehill.org
- ÖPNV: Metro 1, Haltestelle West 242nd Street und dann Shuttle zum Park, Metro North Local Hudson Line, Haltestelle Riverdale

Die Hände essen mit

Äthiopische Leckereien im Bunna Café

Inmitten der sich stetig gentrifizierenden industriellen Nachbarschaft Bushwicks, gelegen an einer Hauptstraße, die nicht vermuten lässt, dass man sich hier am Puls der Hipster-Szene in Brooklyn befindet, liegt das äthiopische Restaurant Bunna Café. Mit seiner Ausstattung – kleine, dunkle Holztische, bequeme Sitzecken, orientalische Fliesen und verdunkelte Lampen – versprüht das Restaurant eine angenehme Gemütlichkeit. Besonders empfehlenswert ist ein Besuch deshalb an weniger frequentierten Tagen, da man dann länger sitzen bleiben kann. Lohnenswert macht das kleine Lokal neben seinem Ambiente aber vor allem das Essen, bei dem sich die Betreiber auf die geschmackliche Vielfalt veganer Zutaten verlassen. Zum Teil des Essrituals gehört es hier, sich vor dem Essen in dem in einer süßen Nische eingelassenen Waschbecken die Hände zu waschen. Saubere Hände braucht man nämlich, um die äthiopischen Leckereien zu sich zu nehmen. Besteck gibt es nur auf Nachfrage. Empfehlenswert ist es, sich zu zweit oder in der Gruppe ein Kombi-Menü zu bestellen, um möglichst viele Gerichte auszuprobieren. Die Speisen werden auf dem typischen Injera, einem luftigen Sauerteigfladen, serviert, mit dessen Hilfe man ganz unproblematisch essen kann. Die Kombination des säuerlichen Teiggeschmacks mit den Aromen der einzelnen Gerichte ist wirklich einzigartig, und wenn man normalerweise nicht gerade jeden Tag in einem anderen Restaurant isst, wird man sicherlich interessante neue Geschmackskombinationen entdecken. Besonders stechen Gewürze hervor wie Kurkuma, Knoblauch oder Berbere, eine äthiopische Gewürzmischung.

Um das Erlebnis abzurunden, kann man sich zu dem hervorragenden Essen typische Getränke bestellen oder die äthiopisch inspirierten Versionen klassischer Cocktails genießen. Nicht entgehen lassen sollte man sich aber eines der leckeren Heißgetränke. Ob den frisch gerösteten Bunna Kaffee oder den herrlich gewürzten Shai, hier findet jeder etwas, um sich in eine andere Welt versetzen zu lassen.

TIPP
Mittags ist es hier genauso lecker, aber nur halb so teuer. Am Abend besser online reservieren.

● Bunna Café, 1084 Flushing Avenue, Brooklyn, NY 11237, Tel. +1 3 47/2 95 22 27
www.bunnaethiopia.net
● ÖPNV: Metro L, Haltestelle Jefferson St, Bus B57, Haltestelle Flushing Av/Knickerbocker Av

Singend in die Nacht

Krisenbewältigung im Marie's Crisis Café

Diese Piano-Bar ist ein natürliches Mittel gegen schlechte Laune. Eingebettet in das vibrierende Nachtleben der Christopher Street, ist die Bar von außen mit dem simplen Neonsymbol und den einfachen dunklen Türen zuerst noch recht unscheinbar. Dass dieser Schein trügt, erkennt man, sobald man sich nähert und der harmonische Gesang der Besucher aus dem gemütlichen Souterrain immer stärker auf die Straße drängt.

Spätestens beim Eintreten ist klar: Ein ruhiger Abend zum Quatschen wird das nicht. Denn im Marie's Crisis treffen sich Profi- und Amateursänger vom Broadway und singen, begleitet von wechselnden Pianisten, klassische Show-Tunes aus vollem Hals. Da die Getränke an der Bar vergleichsweise günstig sind, sollte man beim Trinkgeld für die Klavierspieler nicht sparen. Diese verdienen hiermit oftmals nicht nur ihren Unterhalt, sondern sind mit so viel Passion bei der Sache, dass sie den ganzen Raum mitreißen.

Und keine Angst, hier wird man auch als Amateur nicht schief angesehen, sondern dazu eingeladen, die Außenwelt mal die Außenwelt sein zu lassen und sich die Seele aus dem Leib zu singen. Egal ob man dafür das eine oder andere Getränk braucht – die Bar bietet eine simple, aber ausreichende Auswahl – oder ob die Melodie von Abba-Songs einen einfach zum Dusch-Superstar macht, hier ist jeder ein Sänger und eine Sängerin. Sogar die Kellnerinnen entpuppen sich als Profis und lassen eigene Interpretationen von Broadway-Klassikern verlauten.

Während man sich dann bei *Circle of Live* brüderlich in den Armen hält, bei *Bohemian Rhapsody* im Hin und Her der Stimmen überschlägt oder bei *Let's go fly a kite* der ganze Raum schunkelt, da vergisst man seine Sorgen für einen Moment und hat einfach nur Spaß. Einziger Nachteil in der Bar ist der begrenzte Raum. Sitzplätze sind schnell vergeben, und auch im Stehbereich kann es schnell eng werden. Wer damit kein Problem hat, findet hier eine unermüdliche Endorphin-Quelle.

> **TIPP**
> Auf der Webseite kann man sehen, ob es Themenabende gibt.

● Marie's Crisis, 59 Grove St, New York, NY 10014
www.mariescrisis.us
● ÖPNV: Metro A, B, C, D, E, F, Haltestelle West 4th Street – Washington Square

Tretboote & Rollerblades

Outdoor-Spaß im Prospect Park

Wen es auch auf Städtereisen immer wieder ins Grüne zieht, der sollte den Prospect Park bei seinem New-York-Besuch nicht auslassen. Der etwas über zwei Quadratkilometer große Park ist zwar kleiner als der Central Park, durch seine Lage in Brooklyn abseits der Touristen-Hochburgen aber deutlich weniger überlaufen. Im Park findet man deshalb nicht nur immer einen gemütlichen Platz für seine Picknick-Decke, auch die kleinen Pfade und verschlungenen Wege sind noch naturbelassener als im Central Park.

An der Nordseite des Parks befinden sich östlich der Flatbush Avenue das sehr sehenswerte Brooklyn Museum und der Brooklyn Botanical Garden, der mit seinem liebevoll angelegten Rosengarten oder den prachtvollen Kirschblüten zum Verweilen einlädt. An Dienstagen kann man hier auch kostenlos durch die Anlage spazieren. Ansonsten findet man westlich der Flatbush Avenue an der Nordseite des Parks ein paar denkmalgeschützte Brückenbögen, einen Spielplatz und einen kleinen Zoo.

TIPP
Im Oktober kann man die wunderschöne Verfärbung der Blätter im Park beobachten.

Weiter im Süden des Parks befindet sich ein kleiner See, den man mit Tretbooten oder Kajaks entdecken kann. Die Rundfahrt schafft man auch in bedächtigem Tempo in zirka 45 Minuten, sodass man bei einer Stunde Bootsmiete Zeit hat, Vögel zu beobachten oder die Sonne und Ruhe zu genießen. Gleich neben dem Bootsverleih ist das LeFrak Center. Dort kann man sich eine Kaffeepause gönnen, im Wasserspielplatz planschen – im Sommer kommt diese Abkühlung auch für erwachsene Kinder willkommen – oder auf der Laufbahn Rollerskates fahren.

Wer den Park zu Pferde entdecken möchte, kann dies auf einer der geführten Ausritte ebenfalls tun, allerdings sollte man dafür bereits im Vorhinein reservieren. Aber auch ohne Pferd kann man sich mit entsprechender Zeit den ganzen Park erlaufen, die kleinen Wasserfälle entdecken oder auf den wöchentlich stattfindenden Märkten schlendern. Langweilig wird es an einem Tag im Prospect Park auf jeden Fall nicht.

- Prospect Park, Brooklyn, NY 11225
  www.prospectpark.org
- ÖPNV: Metro Q, B, S (Shuttle), Haltestelle Prospect Park, Metro 2, 3, 4, Haltestelle Grand Army Plaza

Gelassene Fusionsküche

Falansai in Bushwick

Wer in New York ein paar Mal essen war, weiß es zu schätzen, ein Restaurant zu kennen, in dem die Lautstärke auch bei vielen Gästen niemals Club-Niveau erreicht und man sich ganz ohne Erheben der Stimme unterhalten kann. Allein hierin liegt ein schon beinahe elementarer Mehrwert der Location. Genau dieses Argument hat Falansai bereits auf seiner Seite, bevor man überhaupt auf die Karte gesehen hat. Allerdings bietet das gelassene Fusionsrestaurant noch viele weitere triftige Gründe an, warum man hier seinen Abend verbringen sollte. Einer davon ist die innovative Küche, die sich gleichermaßen französischer und vietnamesischer Kochkunst bedient und hieraus intensive Geschmackserlebnisse zaubert. Absolut empfehlenswert ist etwa die Auswahl an Pho-Kombinationen. Die vietnamesische Nudelsuppe wird hier, anders als an vielen Orten, komplett ohne Glutamat zubereitet und verlässt sich auf die Geschmacksintensität der frischen Zutaten. Unter der Kategorie Globetrotter-Phos werden neben den klassischen vietnamesischen Varianten der Suppe auch Versionen aus anderen Regionen der Welt, zum Beispiel Mexiko, Peru oder Gunkanjima (Japan) angeboten. Letztere begeistert durch eine perfekte Balance von süß, erdig und Schärfe durch die Zugabe von Honig, Erdnüssen und Chili.

Richtig lecker sind auch die Speisen auf dem Dinner-Menü, bei denen man sich zum Glück nicht nur für eine entscheiden muss. In den Combos kann man kleinere Portionen von bis zu drei Hauptspeisen bestellen und sich so durch die verschiedensten Geschmacksrichtungen durchtesten. Da begegnen einem dann zum Beispiel Zitronengras-Tofu, Okra, Granatapfel-Dattel-Sauce, Ingwer-Kokus-Panade und vieles mehr. Gegessen werden diese Leckereien in moderner und freundlicher Atmosphäre entweder drinnen oder bei gutem Wetter im niedlichen Gartenbereich nebenan. Hier verschönert ein Mural die Aussicht, und ein bunter Mix aus Pflanzen sowie großzügig verteilte Tische sorgen für genug Raum, um entspannt zu quatschen.

> **TIPP**
> Die Pho gibt es immer, der Rest des Menüs wechselt zum Mittag. Hier die Banh Mis probieren.

● Falansai, 112 Harrison Pl, Brooklyn, NY 11237, Tel. +1 3 47/5 99 11 90
www.falansai.com
● ÖPNV: Metro L, Haltestelle Morgan Avenue

Einfach genießen

Simple Café & Shop in Williamsburg

Wen es nach Williamsburg verschlägt, der wird keine Probleme haben, eine reiche, volle Auswahl an Restaurants zu finden, die sich entlang der Bedford Avenue und ihrer Seitenstraßen tummeln. Während sich besonders zwischen der North 9th Street und Metropolitan Avenue viele Touristen aufhalten, lassen sich bereits ein paar Blocks weiter weniger aufgeregte und dennoch hippe Orte finden, an denen man ruhiger speisen kann. Nicht verpassen sollte man das herrlich entspannte Simple Café an der South 3rd Street.

Dieses schnuckelige französisch-algerische Restaurant ist eine absolute Oase und schafft es, selbst zu typischen Brunch-Tagen nicht überlaufen und laut zu sein. Statt übertönender Musik, die dafür sorgt, dass alle Gäste entsprechend lauter werden, läuft im Hintergrund Jazz, sodass man sich ganz gemütlich unterhalten kann. Dieses Flair wird unterstützt von hellen Wandfarben, großen Pflanzen und einer großzügigen Verteilung der Tische. Man kommt sich hier ein wenig wie in einem mediterranen Garten vor und vergisst, dass man innen sitzt.

> **TIPP**
>
> Teil des Cafés ist ein süßer Shop, in dem man allerlei kleinere und größere Andenken kaufen kann.

An einen anderen Ort versetzt einen aber nicht nur das Ambiente, sondern vor allem das sehr leckere Essen, das keine Wünsche offen lässt. Serviert auf bunt gemischtem Ton- und Porzellangeschirr, genießt man das Beste aus zwei Küchen. Wenn man sich nicht entscheiden möchte, sollte man am Wochenende das Brunch-Buffet bestellen. Hierfür bekommt man neben zwei Getränken Eier, Kartoffel- und Gemüsegratin, hausgemachtes Brot, Salat, Quinoa, Croissants, ein Stück Quiche, Joghurt mit Granola und Früchten und vieles mehr, von dem man auch zu zweit satt wird. Obwohl die Hauptzeiten des Cafés von 10–16 Uhr sind, gibt es von September bis April auch am Abend eine kleine Auswahl an Speisen und Getränken. Von 17–20 Uhr ist Happy Hour, während der man Appetizer günstiger bekommt und sich ein bisschen durchprobieren kann. Für den kleinen Hunger ist das hausgemachte Babaganoush auf jeden Fall einen Besuch wert.

- Simple Café & Shop, 346 Bedford Ave, Brooklyn NY 11249, Tel. +1 7 18/2 18 70 67
  www.simplecafenyc.com
- ÖPNV: Metro L, Haltestelle Bedford Avenue, Metro J, M, Haltestelle Marcy Avenue